鄭在貞 著

日韓〈歴史対立〉と〈歴史対話〉

「歴史認識問題」和解の道を考える

坂井俊樹 監訳

金廣植・徐凡喜 訳

新泉社

정재정 저（鄭在貞 著）
한일의 역사갈등과 역사대화（韓日の歴史葛藤と歴史対話）

目次

凡例

本書は、原著に即して正確な翻訳作業を進めたが、取り扱うテーマの特性上また日本国内での内容理解のために、以下の点を考慮して翻訳した。

・原著の意図を考慮しながら主要用語や日本語表現の変更、小見出しの設定などの変更を、著者と協議しながらおこなった。

・地理的呼称や歴史的事件なども、日本で多く使用される用語に変更した箇所がある。

・朝鮮民主主義人民共和国については、北朝鮮と表記した。

日韓〈歴史対立〉と〈歴史対話〉

「歴史認識問題」和解の道を考える

はじめに

なぜ歴史認識の対立と対話を扱うのか

現在、日韓の関係はとても悪い状態にある。一九六五年の国交正常化以来、最悪の状況といってよい。実際に、両国首脳は過去二年間、互いに相手のせいにしながら会談すら開くことがなかった。わずか数年前までは、いわゆるシャトル外交といって、両国を行き来し、一年に何度も会談していたことを想起すればあまりにも隔世の感がある。

両国首脳の関係がそうであるから、国民の感情も良いわけがないであろう。韓国の東アジア研究院と日本の「言論NPO」が、二〇一四年七月に共同で発表した「第二回日韓共同世論調査」（二〇一四年五月末～六月中旬に実施）によると、韓国人の七一パーセントが日本に対するイメージが悪く、日本人の五四パーセントが韓国に対するイメージが悪いと回答している。あくまでも数字上の指標であるが、実際に両国で体感させられる相手国への嫌悪感は、よりいっそう深刻なものがあるといえる。とくに、日本では韓国人を侮蔑するヘイトスピーチがおこなわれたり、韓国をあたかも地獄のように描写した書籍が飛ぶように売れているという。

韓国と日本は一九六五年に「日韓基本条約」と、これに関連した「付属協定」を締結し（以下、総称して「日韓条約」と表記する―訳者）、一九一〇年の「韓国併合」（大韓帝国の廃滅）以来断絶していた国交を正常化した。二〇一五年は、韓国と日本が国交を正常化して五〇年になる。いつのまにか国交断絶の期間（一九一〇～一九六五年）とほぼ同じ歳月が流れたといえる。このように半世紀がすぎる間、韓国と日本は、アメリカとそれぞれ安保同盟を結んで東アジアの安定と平和に貢献し、自由民主主義と市場経済体制を共有しながら政治・経済・社会・文化などで親密な関係を構築してきた。それだけでなく韓国と日本は、そもそも人種と歴史などにおいて近い関係にあった。雄大な視野で世界文明の興亡・盛衰を論じたジャレド・ダイアモンド教授は著書『銃・病原菌・鉄』において、韓国と日本を「幼年期を共に過ごした双子の兄弟」に比喩しているほどである。

両国関係がそうであるならば、韓国と日本は今なぜ首脳会談を開くことができないほど気まずい関係になったのだろうか。また、両国国民のそれぞれ半数以上が、なぜ相互に嫌悪の感情を抱くようになったのだろうか。

それはまさしく、歴史認識と戦後処理をめぐっての対立のためと考えられる。つまり日本が韓国を侵略・支配したことに対する評価・謝罪・補償・教育などをめぐる問題、いわば歴史認識の問題から抜け出せないでいるのである。実際に、さきにあげた二つの機関がおこなった世論調査では、日韓両国の国民の七〇パーセントが、相手に対する否定的認識のおもな原因は、歴史問題にあると回答している。

韓国と日本の歴史認識の対立は偶発的に高まったものではない。現在、両国が直面している歴史認識の対立は、大きくみれば一〇〇年前、七〇年前、五〇年前に構築されたその時の両国関係の性格と位置づけがいわば変化するにしたがって、避けられない通過儀礼ともいえる。一九一〇年に日本の植民地に転落した韓国は、一〇〇余年の切歯腐心《せっしふしん》の結果、いくつかの分野では日本と同等の地位にまで追いついた。反面、中国の急激な浮上で東北アジアでの日本の存在感は相対的に弱まり、何百年ぶりにあるかないかという東北アジアの勢力移転が進む中で、韓国は日本との従属・依存関係から抜け出し、競りあう関係へ変化してきたといえる。したがって日韓関係の垂直的、非対称的であった関係はすぎ去った歴史として消え去り、水平的・対称的な新しい関係が現実としてあらわれてきたということである。

こうした日韓関係の変化は、歴史観と世界観の変化を当然ともなうはずである。とくに一九八〇年代中盤以後、韓国では政治と社会の民主化が進展し、権威主義体制に抑圧されていた民族主義的エネルギーが日本にむけて噴出する現象が生まれてきた。一方、日本では一九九〇年代中盤まで改善の道を歩んできた歴史認識が、その後の政治と社会の保守化によって、ナショナリズムへの傾向が生み出されていた。それゆえに韓国と日本は、靖国神社参拝、日本軍「慰安婦」、歴史教科書の記述と検定、独島《トクト》（日本名「竹島」）領有権の主張、徴用・徴兵被害者、在韓被爆者、サハリン残留韓国人などの歴史諸問題をめぐって再び鋭く対立する状況を迎えることになったのである。

しかも一九九〇年代以前には、韓国と日本の間に歴史問題の対立が起こると、政界と財界の有力者たちが前面、または水面下で交渉を進めて問題を解決する場合が多かった。しかし時代が変化するにつれて、韓国と日本の双方でいわゆる「一九六五年体制」を構築した人々の影響力が次第に喪失されていくことになった。あわせて両国の間で、摩擦と対立を管理、調整していた暗黙の慣行も弱化し崩壊していったのである。韓国と日本が互いに一歩譲りあって接してきたような、いわば特殊な関係が、世界の隣国間ではしばしば起こる「ぶつかりあい」という、普通の関係に変わったともいえよう。

事情がそうであるなら、日韓両国がもう少し要領よく対処していたならば、現在直面する歴史認識の対立は、ある程度予見したり、防止することも可能であったと思う。したがって今、韓国と日本が苦しんでいる状況は、歴史問題をめぐって噴出する人々のナショナリズムを厳正に管理することができない両国政府に重大な責任があるといえる。実際に二〇一一年一二月の首脳会談で李明博《イ・ミョンバク》大統領と野田首相は、日本軍「慰安婦」問題に関して長時間にわたって言い争いを展開した。その後、李大統領は独島（竹島）を電撃訪問したり、天皇が訪韓する場合は韓国に謝罪すべきと発言した（二〇一二・八）。これに対して日本政府は激しく反発し、マスコミと世論もまた韓国に対してより強く対応することを要求したのである。

このような雰囲気に乗じて二〇一二年末、再び政権の座についた安倍晋三首相は、日本軍「慰安婦」の強制連行を否定し、一年後にはその証しのように靖国神社を参拝したのである。安倍政権より二カ月後に出帆した朴槿恵《パク・クネ》政権は、当初より歴史問題に対して厳しい態度をみせた。とくに時がたつにつれ、日本軍「慰安婦」問題に対しては強硬な姿勢を示すようになった。日韓両国は、「国交正常化五〇周年」という歴史の節目を迎えながら、互いに祝うどころか、かえって罵倒しあうような異常な雰囲気に包まれる格好になったのである。事実、両国首脳の父親（朴正煕《パク・チョンヒ》大統領）と母方の祖父（岸信介首相）は、「一九六五年体制」をつくりあげた主役であった。朴、安倍の両首脳は、それぞれ自身の先代に絶大の尊敬と自負心を表明しながらも、先代がつくった「一九六五年体制」のさまざまな中傷に対しては、対岸の火をみているような様子である。これはいわば「歴史の皮肉」といわざるをえない。

韓国と日本の歴史認識の対立は、扱いたくないほどうんざりする陳腐なテーマといえる。それでも筆者はなぜこの本を執筆したのか。歴史問題が、今日でも日韓関係を規定している最大の懸案事項として、あらためて浮き彫りになったためである。しかも、歴史問題は近い将来、解決する見通しすらもてない状況にある。否、もっといえば、両国政府と要人の大部分は、この問題を解決しようという意思も方法ももっていないように思える。そうした中で両国の歴史認識の対立はますます増幅し、悪化し、国民の間に相手に対する嫌悪感が深刻な状態になっていくのである。

しかし、幸いなこともある。さきの世論調査でも、韓国人のおよそ七〇パーセント、日本人のおよそ六〇パーセントが、両国の国民感情を改善すべきである、と回答している点である。両国の政治家、有力な世論形成者、研究者、教育者たちは、このような人々の要望を重く受けとめ、歴史認識の対立を克服する方向へ乗り出さなければならないと思う。

筆者が思うに、歴史問題をめぐる対立の裏面にはもう少し深刻に考えなければならない課題がある。日韓両国で歴史認識の対立を話題にしながらも、実際には歴史認識と教科書問題の本質は何なのか、歴史問題の根源はどこにあるのか、両国は今までこの問題をどのように扱ってきたのか、以上のようなことを正確に知る人はさほど多くない。一般の人々はいうまでもなく、実務者、専門家、当該分野の官僚、研究者、教育者、マスコミ関係者もそうであろう。正しく知らないために、韓国と日本の間で歴史認識の対立が激しく噴出するたびに、事実に合わない脈絡から脱却できない言説が横行し、このことがさらに誤解と偏見を増幅させ、問題解決をより困難にしている。韓国と日本の歴史認識と教科書問題に対し、平易に事実に即し、体系的・総合的・客観的に整理した概説書が一冊もないのだから、彼らだけの責任にもできないであろう。

したがって韓国と日本が歴史認識の対立を克服して、和解と共存を進めるためには、歴史認識や歴史教科書問題をめぐる対立の本質は何であり、両国はこれを克服するためにどのように対応してきたのか、その経験の中でどんな知恵と解決法、それに勇気を学ぶことができるのか、これらについてバランスのとれた見方から冷静に明らかにする必要がある。

実際に、韓国と日本は歴史問題をめぐって争ってばかりいたわけではない。両国政府は「一九六五年体制」で十分に解決できなかった歴史問題を修正改善するための努力を継続させてきた。韓国と日本の歴史学者、歴史教育者、市民運動家なども、早くから日韓間の歴史認識の対立を克服するために、歴史認識の表象といえる歴史教科書と歴史教育を改善するために粘り強く取り組んできた。

私たちはこのような事実や経緯をどれくらい知っているだろうか。歴史教科書を改善するための国際協議、つまり歴史対話は、ヨーロッパ、とくにドイツとフランスやポーランドの間だけでおこなわれただけではない。東北アジアの中でも、とくに韓国と日本の歴史研究者と教育者たちは、一九七〇年代から日韓関係の歴史をめぐって多様な潮流の歴史対話を展開してきたのである。そうした歴史対話は、逆説的にみると、一九八二年、二〇〇一年、二〇〇五年に突出した日本の歴史教科書問題を契機にしており、一段階ずつ進展してきた。各段階で、両国間の歴史認識の対立が尖鋭化すれば、それを克服しようとする努力もまた強化される、という働きがみられた。

筆者は日韓間のさまざまな歴史懸案に対し自問自答を繰り返しながら本書を執筆している。日韓間の歴史認識の対立とそれを克服するための努力の本質、内容、経緯、意味、展望などを相互関連させ、総合的・体系的に整理したものはおそらくこの本が初めてであろう。みずから「熱いジャガイモ」を調理するという警戒心のために、筆者は事実にもとづき、バランスのとれた見方で本書を執筆するという姿勢を堅持した。それが貫徹されたのかは読者のみなさんの判断に委ねるほかはない。

本書の構成と要旨

本書は大きく分けて、二つの分野で構成されている。第I部では、韓国と日本が解放、敗戦以後今日まで七〇年の間、歴史問題の処理をめぐって、いかなる態度と方向性を示してきたのかを検討する。第Ⅱ部では、韓国と日本が歴史認識の対立を克服するために、どんな対話と研究を協力して推進してきたのかを明らかにする。ある面で第Ⅰ部は、第Ⅱ部の背景をなしているようだが、逆に第Ⅱ部の成果が、第Ⅰ部に影響を及ぼすこともあったので、両者は互に重なりあって展開する構造とみなすことができる。第Ⅰ・Ⅱ部をとおして、可能なかぎり両国政府と首脳、歴史研究者と歴史教育者、市民運動家と報道機関などの主張と活動を、事実を中心に把握し、それらの成果と課題を浮き彫りにする方法をとっている。なお第Ⅰ・Ⅱ部に扱われる各章の要旨はつぎのとおりである。

第一章では、韓国と日本の歴史認識がどうして互いに異なるのか。それにもかかわらず、日本は歴史認識において、韓国に理解、接近しようと努力を傾けてきたが、それがどのような経緯だったのかを調べたいと思う。「韓国併合」と植民地支配に対する認識、日本の重要人物による日韓関係史に対する不適切な発言、両国政府と首脳の歴史に関しての言動などがここでの議論のテーマになる。

第二章では、韓国と日本が歴史認識をめぐって、どのように衝突し対応してきたのか、具体的な事例を通じて詳細に分析していこうと思う。日本は、韓国側の歴史認識を鎮静化させながらも、他方で反発するという、二重の態度で対応してきた。ここでは日本の歴史教科書の記述と検定、総理大臣の靖国神社参拝、独島(竹島)領有権の主張などをめぐる対立と交渉、調整などが論議の対象になる。

第三章では、韓国と日本の間の歴史問題の経緯を検討し、それらの成果と課題を集中的に明らかにしてみたい。具体的には強制連行（徴兵・徴用など）に対する補償、在韓被爆者に対する処遇、サハリン残留韓国人に対する支援、日本軍「慰安婦」被害者に対する謝罪と補償を検討する。これらの問題は、現在でも日韓間の懸案になっているにもかかわらず、両国政府がそのことに対処してきた今までの過程やその処理の成果と失敗を、一般の人たちはほとんど知ることがないようである。

第四章では、一九七六年から二〇〇〇年まで、民間が中心となり、同時並行して進められた歴史対話の実績を調べてみようと思う。韓国と日本の歴史研究者、歴史教育者が、両国の歴史認識（歴史教育と歴史教科書など）を話題の糸口として対話を始めてから四〇年あまりの時がたっている。ここでは相互理解という観点から、この間進められてきた歴史対話の概要と論点、成果と課題などを中心に扱いたいと思う。

第五章では、二〇〇一年から二〇一四年まで、民間が中心となって進められてきた歴史対話を、日韓の相互連帯と共助という観点から整理したい。この時期には各種の歴史対話が、あたかも堰を切ったかのように噴出し、ある種のブームとなった。ここでは歴史対話を参加者の国籍を考慮していくつかの類型に分けて、歴史対話の内容と特徴を扱われたテーマと論点から整理しようと思う。歴史認識の対立の再燃、歴史対話の拡大、論議された内容と成果、歴史共通教材の編纂と活用などを扱うことにする。

第六章では、日韓両国政府が合意した第一期「日韓歴史共同研究委員会」（二〇〇二・五〜二〇〇五・五）の全体的内容に関して検討してみよう。同委員会設置は、日本の中学校用社会科歴史教科書『新しい歴史教科書』が文部科学省の検定に合格したことが契機になっている。ここでは委員会設置の背景と目標、組織と活動、共同研究の内容と論点、委員会の成果と課題・評価などを扱う。

第七章では、日韓両国政府が合意した第二期「日韓歴史共同研究委員会」（二〇〇七・六〜二〇〇九・一二）の活動と意義を述べてみたい。すなわち委員会の再開とその目的、構成と活動、共同研究の成果と争点、委員会の反省と評価、委員会の役割と効用などを扱う。二度にわたり委員会が活動したにもかかわらず、日韓の歴史認識の対立は緩和されるどころか、より深刻化しているのが現在の状況である。そうであれば、このようなやり方の委員会設置は必要がないということなのか、慎重に確認していかなければならない。

終章では、「歴史和解」を実現する方法を模索し提言する。歴史認識を相互に改善して、共鳴しあうより良い循環をつくりあげ、教科書問題解決にむけての成果と失敗を問い直し、欠陥を補完する知恵を出しあう。また歴史認識の対立の管理指針（システム）を構築して、悪化を未然に防止し、歴史和解のための長期計画をつくり実践しようということが骨子になる。

筆者は三〇年あまり、日本の歴史認識と教科書問題に対し積極的に意見を述べ、また日本をはじめとする諸外国との歴史対話にも頻繁に参加する機会を得てきた。本書は、おもにその過程で得られた情報と知識にもとづいて執筆したものである。筆者の寡聞と怠慢によって、正確に紹介できなかった場合もあろう。とくに歴史対話では、歴史認識の対立と直接関連があるテーマ、すなわち歴史認識と歴史教科書問題にしぼったために、歴史一般を扱った数多くの共同研究や共同出版は議論から除外している。この点に関しては、該当する方々の寛容な諒解を望むところである。

筆者は、互いに憎悪し険悪な雰囲気が広まった韓国と日本の両国の各界各層に広く本書が読まれ、両国が抱いている歴史認識の対立の本質と歴史対話の意義を正確に把握し、信頼と尊重の相互関係が構築されることを願っている。とくに日韓両国の政治家、有力者がこの本の行間から知恵を得ることによって、「歴史戦争」にまで飛び火してしまった両国民の反目と対立を打開し、和解と共存の二一世紀を開く先頭に立つことになれば、もはや望むことはない。

一人で行く道は寂しくてつらいが、共に行く道は楽しく興味が湧く。一人で行けば早く行くことができるが、共に行けば遠くへ行くことができる。これは日韓が歴史問題を克服し歴史和解を成し遂げることにも適用される言葉だと思う。日韓両国政府と国民とが一緒に努力し、共に助けあうことを期待したい。

I

日韓〈歴史対立〉

第1章

歴史認識の衝突と接近

対立の背景にあるもの

韓国と日本は両国の関係史をどのように認識しているのか。また、相手方をどのように評価しているのか。兄弟間でも歴史観が違ったり、友達同士でも相手を見下したりすることがある。まして国と民族が違う二つの国民間では、同じ歴史観と良好な感情をもつことができないものである。国益という名分を掲げて国を導いている政治家たちの立場では、いっそうそのようになるものである。ところが何百年、何千年前の歴史問題でなく、今生きている人々と関連が深い歴史問題、すなわち日本が韓国を侵略して支配した事実、そしてこれに対する謝罪と補償などに対して互いに異なる考えで行動すれば、それ自体が対立の種になり不信の元になる。

実際に、日韓両国は歴史認識と過去の歴史処理などの事柄に対し、日韓会談の過程で一四年間も舌戦を繰り広げ、互いの見解の溝を埋められないまま、一九六五年に日韓条約（一九六五・六・二二調印、一九六五・一二・一八発効）を締結した。そして、それを土台にして現在の相互関係を構築してきたのである。こんな迂余曲折があったので、韓国と日本の間には歴史問題をめぐってささいな言葉尻をとらえて、大きな対立に広がる場合が少なくなかった。両国の政府は、このような事情をとてもよく理解していたので、歴史問題が政治、外交の懸案として膨れあがらないよう注意を傾けてきたのも事実である。ところが最近では両国の国内事情と国際環境が変わり、そのような管理がまともに作動しない機能不全の状況になった観がある。そのため、歴史問題はより複雑で混乱するようになったと考えられるのである。

日本人が韓国の歴史と文化を見下し、韓国人の能力と資質を軽視するのには、広くて深い背景がある。とりわけ近代日本では脱亜入欧の風潮が広がっていくにつれ、韓国に対して後進国、あるいは野蛮国などの汚名を着せ、日本の優秀性、特殊性を讃える比較対象として活用してきた。韓国史には封建時代が存在しないので、ヨーロッパや日本の歴史にくらべ遅れているとか、朝鮮王朝は儒教の空理空論に陥って、みずから改革する原動力をもつことがなく、日本の力を借りて文明化の道を歩むようになったなどの韓国史観が、近代歴史学の権威を背景にした近代日本の歴史学界の正論として確立した。

このように形成されたいわゆる「植民地主義的韓国史観」は、学校教育と報道機関を通じて多くの日本人に浸透し、韓国侵略と支配を正当化する論理として作用してきたのである。さらにそのような韓国史観は、韓国史研究と歴史教育を独占した日本人によって、韓国人や外国人にも扶植され、韓国史をみる際の重要な見方として確立された。韓国が日本の支配から解放されて半世紀以上が経過し、「植民地主義的韓国史観」は相当に弱められたが、意外にもその基本骨子はいまだ日本社会に残存しているのである。

最近でも、日本の保守政治家たちが時折吐きだすようにいう、いわゆる歴史「妄言」は、こうした「植民地主義的韓国史観」がストレートに顕在化したものだと思われる。

歴史認識は、元来ナショナリズムと密接に結びついたものであり、場合によっては国民感情を簡単に激昂させる性質を有している。政治家はこの点を見通し、しばしば愛国心に燃える歴史観を披歴することによって、人気を集め権力を獲得する。しかも国内事情が混乱し、国際環境が不安定な時、そうした現象はよりいっそうあらわれるのである。愛国主義的歴史認識は、自然に比較対象としての他国の歴史を見下すようになる。相手方がこれに反発して異議を唱えれば、ここで歴史認識の衝突、すなわち歴史対立が発生するのである。現在、日本と韓国の間に起きている歴史対立も、大きくみると、このような範疇に属するものと考えられるであろう。

現在、韓国と日本の間で拡大している歴史対立は、一九一〇年の「韓国併合」までさかのぼる。韓国と日本は、当時から「韓国併合」の性格、すなわち「併合条約」の合法性と不法性、正当性と不当性をめぐって異なる見解をもっていた。韓国は、「韓国併合」が不法で強制的に成し遂げられたために、不当で無効だと主張した。反対に日本は、両国の合意により合法的に成立したもので、国際的承認を受けたから正当で有効だと主張したのである。韓国は大韓民国臨時政府（一九一九年）をへて現在の政府に至るまで、不法論・不当論を一貫して堅持してきた。反対に日本は明治天皇の「併合詔勅」（一九一〇年）から敗戦以後、現在の政府に至るまで合法論・正当論を堅持してきた。ただし一九九〇年代以後、日本政府は植民地支配に対して謝罪と反省を表明した。そのことによって正当論から不当論に旋回したような印象を与えている。

日本の敗戦と韓国の解放、そして日韓会談と日韓条約は、韓国と日本が歴史認識を整理して新しい関係をつくりあげる良い機会であったが、両国の意思と姿勢はあまりにも違っていた。解放直後、韓国政府は日本に対する賠償要求調書(一九四九年)で、日本の韓国支配が「韓国国民の自由意思に反した日本単独の強制行為であって、暴力と貪欲な支配であった」と定義した。しかし日本は反対に、『日本人の海外活動に関する歴史的調査』(一九四八年)で、韓国統治の根本方針は物心両面で日本人と韓国人を同じようにさせるもので、韓国を文明化に導く最善、最高の善政であった、と評価した。双方が一九一〇年当時の歴史認識から少しも抜け出せなかったのである。

帝国主義時代を終えて、民主主義体制への新たなスタートを切った韓国と日本の政府が、このような姿勢を固執したので、両国の代表が向かいあった日韓会談おいて、歴史認識をめぐっての正面衝突が起きたのは当然のことと考えられる。日韓会談に臨み、韓国は歴史問題を解決して平和条約を締結しようという意向を表明した。一方、日本は歴史問題については眼中にもなく、在日韓国人などの懸案を処理することにだけ強い関心をもった。その結果、日韓条約は、両国の歴史認識が混在するような形で妥結したのである。そして歴史問題は、両国の間に緊張が醸成されるたびごとに爆発する、古くて新しい懸案として、今でも残るようになったのである。

日本政府高官の不適切発言

韓国では日本の要人、すなわち高級官僚や有名政治家が、日韓関係の歴史に対して不適切な言葉を並べ立てることを「妄言」という言葉で表現している。韓国を罵倒するために、事実を、悪意をもって歪曲する言説という意味である。日韓間にふくらむ歴史対立は、多くはこの「妄言」、つまり不適切発言から始まる。日韓会談の過程で、日本側代表が植民地支配を美化する発言をしたことなどが、典型的な例といえる。

日本の要人の発言は、日韓条約が締結され両国間の国交が再開された後にも頻繁に繰り返されてきた。以下、要約すると、日韓合併時代に日本は義務教育を実施し、今日までもそれが立派に守られてきた（田中角栄首相、一九七四・一）、日本は韓国を侵略したことがない（奥野誠亮国土庁長官、一九八八・四～五）、日韓合併は円満に結ばれたものであり、武力でなされたものではない（渡辺美智雄前外務大臣、一九九五・六）、日韓併合条約は法的に有効に締結された（村山富市首相、一九九五・一〇）、従軍慰安婦は商行為であった（奥野誠亮前法務大臣、一九九六・六）、創氏改名は、朝鮮人が日本の姓氏を要求して成立した（麻生太郎自民党政調会長、二〇〇三・五）、日本は朝鮮を植民地支配して反省する点も多数あるけれど、現代の基礎になった良いこともたくさんした（江藤隆美前総務庁長官、二〇〇三・七）などである。そのたびに韓国政府は、日本政府に抗議し、韓国言論も批判の刃を振りかざした。そして日本の要人たちの不適切発言は、韓国人に日本人の歴史観と世界観に対する悪印象を抱かせる重要なきっかけになった。

日本の要人の発言にみられる歴史認識の要点は、つぎのように整理できる。

- 日本は韓国を「強占」したのではなく合意によって「合法的」に「併合」した。
- 「韓国併合」は国際的に承認を受けていた。
- 日本は「韓国併合」以後、韓国の発展と韓国人の生活向上のために努力した。したがって「侵略」や「植民地支配」、「収奪」などの用語を使用するのは真実ではない。
- 「創氏改名」、「日本語教育」、「徴兵」などは、韓国人と日本人を同じ待遇にしようという「一視同仁」、「内鮮一体」の理念を具現化するための措置であった。
- 「韓国併合」とその後の日本の統治は、今日の韓国の発展に寄与した。

このような発言の頻繁さと強烈さは弱まってきたが、それでも今日まで続いている。

日本でこのような挑発的な歴史認識がまかりとおるのには、複雑な事情が潜んでいる。まず天皇の戦争責任が連合国軍の占領政策および憲法制定と連動して不問に付せられたことがある。このことが、その後の日本人たちが侵略という加害事実を直視するのに大きな障害になってきた。さらに日本の多くの民主勢力は共産主義国家を理想化しながら、韓国を貧しい独裁国家だとして無視してきた。また日本人には、植民地時代から存在していた韓国人に対する差別意識がその後も残存していた。そのうえ、生活水準が向上するにつれ、日本人の意識が全般的に保守化し、西欧中心の価値観が浸透したことも、近隣の国々に対する排外的な認識を助長したのである。

日本の要人たちが不適切発言を繰り返す理由を、いくつか整理すればつぎのとおりである。

- 日本にはナショナリズムの強い歴史観が伏流している。天皇を崇敬する雰囲気と日本史の特殊性と優秀性を確信する歴史理解が広まっている。
- 日韓関係史をよく知らず、また関心もないのに、韓国を蹂躙して懲らしめようという意地悪さが頭をもたげる。韓国に対する侵略と支配の事実を認めたくなく、その反面で、韓国がことごとく日本に言いがかりをつけるのをみていやな感情をいだく。
- 日本はナショナリズムを扇動して集団的自衛権などを行使できる「普通国家」に変身した

がっている。ここには中国・韓国などが経済発展するのにくらべ、日本の勢いが一段弱まったことに対する憂慮と焦燥がある。

- 不適切発言を後押しする歴史修正主義が登場した。とくに一九九〇年代以後、東西冷戦体制が崩壊した状況を利用して、自由主義という名前を借りて、すでに確立していた民主主義的歴史解釈を転換させようとする研究と教育が活発になった。修正主義歴史観は、日本のナショナリズムと巧妙に結びついている。

和解への取り組みもあった

一九六五年の日韓条約の締結当時でも狭めることができなかった両国政府の歴史認識は、一九八〇年代に入って明らかに変化の道をたどることになる。その背景には、両国の国内外の情勢が複雑に絡みあっていた。はじめに日本国内で民主主義が根をおろすにつれ、進歩的知識人が「韓国併合」に対して反省と謝罪を促す研究と声明を発表して、左派野党である社会党がこれを政策として受容する動きがあらわれた。冷戦体制の崩壊に直面した保守自民党政権は、日本が国際社会で経済大国の地位に相応しい活躍をするためには、アジア各国の信頼と支持が必要だということを感じていた。そのためには過去の侵略と支配、すなわち歴史問題に対する謝罪と反省が必要であった。

韓国では経済発展が持続し、民主主義の熱気が高潮するにしたがい、日本との歴史問題を再検討しようという世論が高まった。政府も国力の伸長に鼓舞され、日本に対してもう少し自主的態度をみせようと努めたのである。そして、一九八〇年代以前には国内または両国間でさして懸案とならなかった歴史認識と過去の歴史処理が、一九八〇年代以降に懸案として浮上する出来事がたびたび発生することになった。

アメリカのドナルド・レーガン大統領、韓国の全斗煥《チョン・ドゥファン》大統領と共に東アジアで保守・反共の共同戦線を構築した中曽根康弘首相は、就任後初めて訪問する外国として韓国を選んだ。朴正熙大統領の逝去、五・一八民主化運動、新軍部の政権掌握などをへて、不安定な日韓関係を安定させようという強い意思のあらわれであった。中曽根首相は公式訪韓中、大統領府晩餐会の挨拶（一九八三・一・一二）で、日韓両国の間に過去不幸な歴史があったことは事実で、私たちはこのことを厳粛に受けとめなければならないと語っている。これに対し全斗煥大統領は、不幸だった両国関係に対し、謙虚に互いに省察し、心機一転の姿勢と決意でもって、新しい次元の関係が構築されることを念願すると、回答した。

全斗煥大統領が、国賓として日本を訪問した時、中曽根首相は午餐会（一九八四・九・七）で、今世紀のある時期に日本が韓国と韓国国民に多大な苦難を与えたことに対して、深く遺憾の意を噛みしめ、将来にこうしたことがないように堅く決意するという意思を表明した。これに対して全斗煥大統領は、国権を喪失してこうむった被害が誰によるものだとか恨むつもりはなく、相互依存の時代を迎え日韓両国は、平等と尊重の精神で東アジア地域の平和と安定および繁栄を共に成し遂げていこうと答えている。中曽根首相のこのような歴史認識は、その後の自民党出身の歴代首相にも継承されていった。

盧泰愚《ノ・テウ》大統領が国賓として訪日した時、首脳会談の席上（一九九〇・五・二四）で、海部俊樹首相は「過去のある時期、韓半島の皆さんが日本の行為によって耐え難い苦難と悲しみを体験されたことに対し、反省し率直に謝罪する」と語った。盧大統領はこれに対して、日韓両国が真の対話を交わせれば、長い歴史の中での短く不幸であった一時期を十分に克服することができると応答している。彼は記者会見の席上（一九九〇・五・二五）で、日本の謝罪を受けたので謝罪問題はもう決着がつけられたとまで語ったのである。

宮澤喜一首相は、公式訪韓の晩餐会の挨拶（一九九二・一・一六）で、過去のある時期に韓国国民が日本の行為によって耐え難い苦痛と悲しみを体験された事実を想起し反省と謝罪の意を伝えた。これに対して盧泰愚大統領は、韓国と日本は歴史に対する正しい認識と謙虚な反省にもとづいて心の壁を崩し、過去の暗い影が二一世紀にむかう両国の成熟したパートナーシップを妨げる障害物になってはならない、と語ったのである。

非自民党連立政権を誕生させた細川護熙首相は、訪韓首脳会談（一九九三・一一・六）で、近代日本の戦争を侵略として確実に定義し、植民地支配に対して、はるかに強く高い謝罪の意思を表明した。すなわち過去日本の植民地支配で韓国国民の母国語を奪って、他国語の使用を強要し、創氏改名という異常なことを強制し、軍慰安婦・労働者の強制連行などで耐え難い苦痛を強要した加害者として、日本がしたことに対して深く反省し、もう一度真心を込めて謝罪するというものであった。これに対して金泳三《キム・ヨンサム》大統領は、韓国と日本がある時期不幸であったという過去を有しているが、それは数千年におよぶ交流史の中できわめて短い期間にすぎなく、私たちはこれ以上過去に縛られずに、前に進んでいかなければならないと返答したのである。

細川首相の発言は、中曽根首相以後儀礼的におこなわれてきた植民地支配に対する謝罪と反省表明を、よりはっきりと率直な方向に進めたことで受け入れられた。歴代韓国大統領は日本の首相の発言を好意的に評価して、過去から抜け出し前に進もうという意向を表明した。これもまた金泳三大統領に至って、最高潮に達した感があったのである。

日本政府の歴史認識は敗戦五〇周年をむかえた一九九五年を前後して、よりいっそう注目できる変化をみせた。日本で民主主義が国民の間に根をおろして四〇年あまりの間、政権を掌握してきた自民党が、短期間ではあるが権力の座から押し出されることになった。日本国民が中国と韓国の経済発展を現実のものとして受け入れ、アジアを重視しようとする雰囲気が形成されたことも無視できない背景であった。

一九九四年六月に社会党を中心とする村山富市連立政権が誕生した。これを契機に、衆議院は、「歴史を教訓に平和への決意を新しくする決議（戦後五〇年国会決議）」を採択した（一九九五・六・九）。しかし自民党議員たちはこれに反発するや、決議案は「世界の近代史上における数々の植民地支配や侵略的行為に思いをいたし、我が国が過去に行ったこうした行為や他国民とくにアジアの諸国民に与えた苦痛を認識し、深い反省の念を表明する」という曖昧な表現に修正されたのである。これに対し韓国政府は、外務部スポークスマンの声明を通じて（一九九五・六・一二）、韓国の植民地支配について列強の行為と関連させることで直接的な反省を回避しようとしていることを遺憾に思うと批判した。

社会党を中心にした連立政府は、「戦後五〇年国会決議」を補完する意味で、閣議決定を通じて「戦後五〇周年終戦記念日を迎えて」という首相談話を発表した（一九九五・八・一五）。これがいわゆる「村山談話」で、その核心はつぎのようである。


わが国は、遠くない過去の一時期、国策を誤り、戦争への道を歩んで国民を存亡の危機に陥れ、植民地支配と侵略によって、多くの国々、とりわけアジア諸国の人々に対して多大の損害と苦痛を与えました。私は、未来に誤ち無からしめんとするが故に、疑うべくもないこの歴史の事実を謙虚に受け止め、ここにあらためて痛切な反省の意を表し、心からのお詫びの気持ちを表明いたします。また、この歴史がもたらした内外すべての犠牲者に深い哀悼の念を捧げます。

「村山談話」は閣議決定をへたという点、近代に日本が近隣諸国を侵略し、支配して損害と苦痛を与えた事実を明確に認めた点、未来に誤りを繰り返さないために痛切な反省と謝罪の意思を表明した点、すべての犠牲者に哀悼の意を捧げた点で、歴代首相の所信表明より内容と形式が大きく進展したものであった。ところが骨組みをなしている内容と基調は、歴代首相の意見表明と韓国大統領の肯定的回答などを体系的に総合して整理し、再構成したものであった。したがって発表当時には、日本と韓国では「村山談話」を新しい歴史認識を表明した画期的な性格の文言とはとらえず、高く評価しようという雰囲気がそれほど強くはなかった。かえって韓国政府は、外務部スポークスマンの声明を通じ、日本が植民地支配と侵略に対して謝罪と反省の意思を表明したが、今後日本の態度を注目しながら真実かどうか確かめていこうという論評を発表したのである。全面的な支持と歓迎は留保したのである。

村山談話では、侵略と植民地支配の対象を明らかにしないで大雑把に表示したことに対し、韓国国会は一九九五年一〇月一六日、「大韓帝国と日本帝国間の勒約《ヌギャク》（強制的な条約—訳者）に対する日本の正確な歴史認識を促す決議文」を採択して、「村山談話」を「歴史歪曲」として非難した。すなわち日本が韓国を併合する過程で結んだ各種条約の無効を確認し、それにしたがって必要となる措置を実行すべきというものであった。国会の場で日本の歴史認識の是正を強力に促したのである。その後、村山首相は金泳三大統領に親書を送って、「併合条約」とそれに先んじたいくつかの条約は韓国民族の自決と尊厳を認めなかった帝国主義時代の条約だと評価して、深い反省と心からの謝罪を表明した。韓国政府はこれに対して「かなり真剣な努力に敬意を表する」と返答したのである。

いずれにしても終戦五〇年を迎えた戦後総決算の一環として発表された「村山談話」は、それ以後の日本政府の歴史認識を規定する指針になった。そして韓国と中国などでは、日本政府が歴史認識に対して退行的な言動をみせるたびに、「村山談話」の遵守を喚起することで、「村山談話」は「東アジアにおける歴史認識の公共財的な性格の文書」としての位置を確立することになったのである。

日本が植民地支配に対する謝罪と反省を表明しながら、韓国を特定して示した文書は、金大中大統領と小渕恵三首相の「日韓共同宣言—二一世紀に向けた新たな日韓パートナーシップ—」（いわゆる「日韓パートナーシップ宣言」、一九九八・一〇・八）であった。金大中大統領の公式訪日に合わせて準備され、小渕首相との首脳会談で発表されたこの宣言は、「我が国が過去の一時期韓国国民に対し植民地支配により多大の損害と苦痛を与えたという歴史的事実を謙虚に受けとめ、これに対し、痛切な反省と心からのお詫び」を表明した。これに対して金大中大統領は小渕首相の発言を真摯に受け入れて、韓国と日本が不幸な歴史を越えて和解と善隣友好の道に進むという意思を明らかにした。金大統領は帰国会見で、日本が過去の歴史問題に対して文書で明確に謝罪した点を訪日の最も大きな成果とし、過去日本によって犠牲になった先祖たちもこれで安らかに目を閉じられれば良い、という考えを表明した。

「日韓パートナーシップ宣言」は「村山談話」を拡張・発展させたものだったが、両国が合意した共同文書として、加害者と被害者を明示して、未来志向的な両国関係の発展のために膨大な行動計画を合わせて用意したという点で、より進歩した文書であった。三〇余年前の日韓条約では、植民地支配の事実さえ言及しなかったことを考えれば雲泥の差、今昔の感がある。そして、ある学者は「日韓パートナーシップ宣言」が日韓条約を補完する性格を帯びていると評価する。実際に、この宣言はその後の日韓関係を導いていく道標の役割を果たした。盧武鉉《ノ・ムヒョン》大統領と小泉純一郎首相の首脳会談（二〇〇三・六・七）、李明博大統領と福田康夫首相の首脳会談（二〇〇八・四・二一）などで発表された共同声明は、すべて「日韓パートナーシップ宣言」の歴史認識を継承したものであった。

一方、日本の小泉純一郎首相と北朝鮮の金正日《キム・ジョンイル》国防委員長は、日本人拉致問題を解決するために平壌でもたれた首脳会談で「平壌（ピョンヤン）宣言」（二〇〇二・九）を発表した。この宣言の中、歴史認識に関する部分は、「日韓パートナーシップ宣言」とほとんど同じ語句で満たしていた。そのうえ、これからの日本と北朝鮮が修交する場合には、過去の歴史問題を経済協力方式で処理するという条項まで入っていて、日韓国交正常化を規定した一九六五年の日韓条約体制が、日本と北朝鮮の間でも適用される可能性が高かった。

「日韓パートナーシップ宣言」と「平壌宣言」は決して偶然に作成された文書ではなかった。日本の敗戦と韓国、北朝鮮の解放以後、互いに衝突し交渉して築きあげた歴史認識と過去の歴史処理の経験とノウハウが総合的に反映されたものであった。当事国が合意して共に作成した二つの文書を通じ、歴史認識と過去の歴史処理で韓国、北朝鮮、日本が初めて共感を形成する段階に達したという点は、大きく注目し評価する価値があると思う。

日本政府と歴代首相の歴史認識で注目に値するもう一つの文書は、「韓国併合百年」に合わせて民主党の菅直人首相が発表した談話（二〇一〇・八・一〇）であった。これは基本的に「村山談話」を継承しながら、植民地支配の強制性を認め、それが招いたいくつかの歴史問題を積極的に解決しようという意思を表明した点で大きな意味をもつ。すなわち「三・一独立運動などの激しい抵抗にも示されたとおり、政治的・軍事的背景の下、当時の韓国の人々は、その意に反して行われた植民地支配によって、国と文化を奪われ、民族の誇りを深く傷付けられました」とし、「この植民地支配がもたらした多大の損害と苦痛に対し、ここにあらためて痛切な反省と心からのお詫びの気持ち」を表明したのである。そしてサハリン残留韓国人に対する継続的な支援、朝鮮半島出身者の遺骨返還支援、朝鮮総督府が搬出した「朝鮮王朝儀軌」の返還などを約束した。

「菅談話」は、「韓国併合条約」の強制性については明確に言及しない点で従来の日本政府の不当・合法論を維持したものであるが、植民地支配が韓国人の意思を無視した強制的行為だったことを初めて言及した点は、「村山談話」より進んだものであった。韓国政府は外交通商部論評を通じて、「韓日間の不幸だった過去の歴史を克服し、未来の明るい韓日関係を切り開いていこうとする菅首相と日本政府の意思として受け入れる」と評価した。李明博大統領は、二〇一〇年の八・一五光復節の挨拶で、「菅談話」が初めて「韓国国民に向けて、韓国国民の意思に反した植民地支配を反省し謝罪」したことを受け止め、これを日本の惜しまない努力として評価した。菅直人首相の談話は、民主党政権が急激に没落することによって日韓両国で忘れられてしまったが、その進取性と積極性だけはより高く評価する必要がある。

その後にも日本政府と首相は、公式的には「村山談話」に触れられている歴史認識を尊重し、継承するという態度をとった。二〇一三年四月、国会で安倍首相が侵略戦争であることを否定するような発言をしたが、韓国と中国はもちろんアメリカからも批判が出るや、結局「村山談話」を遵守するという言い方で一歩後戻りしたのである。このように一九八〇年代以後、日本の首相や政府の歴史認識は、基本的に植民地支配に対する道義的責任を認め、謝罪と反省の意向を表明するものであった。これは一九六五年、日韓条約締結当時と比較すれば、大きく進展した歴史認識とみることができる。ところが「韓国併合」条約自体が不法で不当だということまでは打ち出すことはできなかった。日本の首相および政府がこの点まで受け入れるならば、韓国との歴史和解を達成するための大きな転機になるであろう。

第2章

再燃する歴史対立

歴史教科書問題

韓国と日本が歴史認識をめぐって毎年対立を引き起こす出来事の中に、歴史教科書問題がある。日本では敗戦前、小学校などの義務教育で皇国史観による国定教科書を使い、それは天皇と国家のために進んで命を捧げる忠良な臣民を養成することに寄与した。敗戦以後、日本を占領統治した連合国軍最高司令部はその弊害を直視して、国定教科書制度を廃止し、民間人が執筆して監督庁の検定、または認可をへた教科用図書を使うようにする検認定教科書制度を導入した（一九四九・四）。検認定教科書は、アメリカの教育課程を手本にして作成した学習指導要領に依拠して執筆された。

その後、日本の政府与党は、一九五五年頃から検認定教科書に対して憂慮を示して、国定教科書に戻ろうとする動きをみせた。日本教職員組合が、日本の中国侵略などに言及した検認定教科書を活用して政治教育をしたとみたためである。しかし、教科用図書の国定化が思うように進まないとなるや、長期政権の体制を整えた自民党政権は、文部省による教科書検定を通じて歴史教育に対する統制を強化する方針に変えた。そして一九五七年四月に発表した検定結果によれば、検定を申請した歴史教科書の三分の一が合格できなかった。「過去の事実から反省を追求しようとする熱意が行き過ぎて、学習を通じて先祖の努力を認識し、日本人としての自覚を高め、民族に対する豊富な愛情を育てるという日本史の目標とは距離があった」という趣旨の理由であった。これは今日の歴史教科書検定にも通じる日本政府の基本姿勢ということができる。こうして日本政府が、検定を通じて教科書の記述を強力に統制しはじめると、一九六〇年代末には、近隣諸国に対する日本の侵略や加害事実を、歴史教科書から探し出すことは難しくなった。

一九七二年の日本と中国の国交樹立は、歴史教科書の記述に相当な影響を与えた。この時、両国が共に発表した日中共同声明で、日本側は「過去において日本国が戦争を通じて中国国民に重大な損害を与えたことについての責任を痛感し、深く反省する」と明記したためである。それ以後、日本の歴史教科書には南京虐殺など侵略に関する記述が増加しはじめた。これに対して自民党をはじめとする保守勢力が、再び歴史教科書に対する非難、攻勢を強めることになった。こうした動きに歴史教科書の執筆者と進歩的知識人などが反発することによって、歴史教科書問題は学界と世論の注目を集めるようになった。ただし一九七〇年代までは、歴史教科書をめぐるさまざまな対立は、日本国内の領域にとどまっている状況であった。ところが日本で全般的に歴史意識が高まって、内外の情勢が変わるにつれ、国内で膨れあがった歴史教科書問題は、一九八〇年代に入って東アジア地域を包括する国際問題として爆発したのである。

一九八二年六月、日本政府は、翌年から使われる高校用歴史教科書の検定結果を発表した。この時、日本の一部マスコミにより、韓国と中国に関連した記述を文部省が検定過程で修正するように圧迫を加えたという報道がされた。たとえば検定をへた後に、「朝鮮侵略」が「朝鮮進出」に、三・一独立運動での「集会とデモ」が「デモと暴動」に修正され、日本の弾圧による韓国人死亡者が「七千人以上」という文面が削除されたということだ。

まず日本のマスコミが、このように検定の隠れた部分をくわしく報道した。後に誤報という指摘もあったが、それでも本質的には検定が圧力になったことには違いなく、これを契機に教科書執筆者を中心に、検定結果の訂正を要求する運動が起きた。世論も文部省の姿勢を批判する側に傾いた。このような雰囲気の中で家永三郎教授などが、検定制度自体が違憲・違法だと主張する訴訟を起こした。これに刺激を受けた韓国のマスコミも、日本の「歴史教科書歪曲事件」として大きく取り上げた。そうでなくても内から沸きあがっていた韓国民の反日感情が爆発したのはいうまでもない。そのようにして一九八二年七月と八月の二カ月は、日本の歴史教科書問題が熱く韓国と日本の世論を燃えあがらせたのである。

韓国政府は、はじめは日本の歴史教科書問題に対して慎重な姿勢をみせた。ところが無責任な日本政府と誠意のない韓国政府を批判する世論が沸騰するや、同年八月三日、対策会議を開いて「相当な覚悟」の下で、日本政府に迅速で具体的な是正を要求した。そして教科書問題が是正されなければ、日韓関係全般に悪影響を及ぼす恐れがあるという意向を日本政府に伝えた。韓国文教部は、日本の歴史教科書問題への対応として、韓国観是正事業の強化、学術交流の増進、国際教科書センターの設置、日韓関係史研究の支援、民族史観に立脚した韓国史教育と精神教育の強化などを打ちだした。そして国史編纂委員会での検討意見を元にして、古代史から現代史までで「歪曲」されたと判断される数十個の項目について是正を要求したのである。日本の韓国侵略過程で結ばれた各種条約、植民地支配で発生した人的・物的収奪と独立運動などに関連した記述がおもな対象であった。

日本政府は当初、韓国などの抗議に対して「内政干渉」であると反発した。しかし国内世論と韓国の圧力に押され、一九八二年八月に「アジア近隣諸国との友好親善を図る」という立場から教科書行政を修正することに約束した。そして同じ年の一一月の教科書検定基準に、「近隣のアジア諸国との間の近現代の歴史的事象の扱いに国際理解と国際協調の見地から必要な配慮がされていること」という条項を追加した。このいわゆる「近隣諸国条項」は、日本の教科書検定問題が国内次元を抜け出し、国際次元にまで拡大した状況を象徴的に示した文書であった。さきに取り上げた「村山談話」に比肩されるほどの性格を有した内容とみることができる。実際に、日本政府はこの条項の趣旨を生かし、韓国政府が是正を要求した事項のなかで相当な数を一九八三年度と一九八四年度使用予定の中・高等学校歴史教科書検定で修正した。

歴史教科書問題を契機に、韓国では韓日関係史に対する研究と教育を再整備する運動が広まっていった。歴史学界とマスコミなどは、日本がつくり出した韓国史の他律的認識（植民史観）を克服して、自主的認識（民族主義史観）を確立することを主張した。合わせて、韓国の独立のために日本に立ちむかい戦った民族運動の歴史を子孫に忠実に知らせるために、研究と教育を強化すべきだという世論も沸き立った。これに子どもを含んだ各界各層の国民が、上記のような趣旨の教育施設をつくるために五〇〇億ウォン以上の寄付を集めたのである。政府はこれを元に忠清南道天安《チョナン》市に「独立記念館」を建設することにした。展示のおもなテーマは、日本の韓国支配がどれほど残忍非道で、韓国人の抗日独立闘争がいかに熾烈であったかを見せるものであった。日本の歴史教科書問題が、韓国のナショナリズムを高揚させる役割を果したわけであった。

一九八二年の日本の歴史教科書問題は、外交次元では一段落したが、両国の間の歴史認識の溝が埋められることは結局なかった。一つ幸いなのは、歴史教科書問題が膨れあがったことで、日韓両国国民が歴史認識について互いに議論できる契機がつくられたという点である。ユネスコは、すでに一九六五年に、過去に敵対した国家間の歴史対話を提唱したことがあるが、一九八二年頃まで韓国と日本の間では歴史認識の違いを克服しようという動きは別段あらわれなかったのである。

日本政府が、教科書検定で「近隣諸国条項」を適用して以後、韓国史または日韓関係史に関連した日本の歴史教科書の記述はかなり改善された。日本軍「慰安婦」に関する記述が良い例であろう。日本政府は一九九三年に河野洋平官房長官の声明を通じて、日本軍が「慰安婦」の募集、配置、移送、管理などに直接、間接に関与した事実を認めた。これにより金泳三政府は日本軍「慰安婦」の惨状を、日本の教科書に記述することによって歴史の教訓としなければならないという意向を明らかにした。韓国の国会と言論も、これを支持したのである。このような雰囲気の中で、一九九七年から日本の中学校歴史教科書すべてに、一、二行ではあるが「慰安婦」に関する記述が掲載された。これとあわせて小・中・高校の教科書で、日韓関係史に関する記述が従来のものより増えていった。とくに日本の韓国侵略と支配に対する批判的見解が際立ってきたのである。一九八二年以前の教科書に比較すれば驚くほどの変わりようであった。

しかし日本の保守右派勢力は、日本の歴史教科書の日韓関係史記述、とくに日本軍「慰安婦」の取り扱いに対して猛烈に反発することになった。彼らは、「自由主義史観研究会」(一九九五)と「新しい歴史教科書をつくる会」(一九九六)を結成して、中学校歴史教科書で「慰安婦」に関する記述を削除しようというキャンペーンを起こした。彼らは既存の歴史教科書が日本の暗い面だけを浮上させる「自虐史観」に染まっていると非難したのである。そして日本人の愛国心と自矜心を鼓舞できる教科書を、みずから開発し普及させると公言した。彼らが執筆した中学校用『新しい歴史教科書』は、自民党の支援を得て二〇〇一年文部科学省の検定を通過した。その背後では、自民党議員の安倍晋三が大きな役割を果たした。日本で起きていたこのような反動の動きは、日韓間の歴史認識の対立を再び煽る要因として作用することになったのである。

韓国政府は、日本政府が『新しい歴史教科書』を検定に合格させようとする兆候がみえるや、直ちに何度も外交ルートを通じて、「過去の歴史を歪曲、縮小する歴史教科書は、未来志向的両国関係の発展はもちろん日本自らのためにも望ましくない」という憂慮を日本政府に伝達した。それにもかかわらず日本政府がこの歴史教科書を検定に合格させるや、韓国だけでなく日本でもこれを非難する世論が高まった。韓国政府は駐日韓国大使を召還するなど強硬な対応を示した。金大中大統領も、日韓経済人協会会長団と接見した席で、今回の歴史教科書問題は「日韓パートナーシップ宣言」の精神を毀損するものと批判した。韓国政府は「日本の歴史教科書歪曲問題対策班」を設置して稼動させ、外交通商部長官は駐韓日本大使を招致して中学校歴史教科書の日韓関係史記述（『新しい歴史教科書』二五項目、その他の教科書一〇項目）に対する修正要求書を伝達したのである（二〇〇一・五）。

二〇〇一年の歴史教科書問題で特筆すべき点は、韓国と日本の市民運動団体が互いに連帯して、『新しい歴史教科書』の採択を阻止する運動を展開したことである。歴史認識をめぐっての対立と克服の問題が、いままでの両国政府同士のぶつかりあいから、距離を置いた市民レベルの交流・協力運動として広がる様相をみせたのである。これらの活動は、後には日韓の歴史対話でも大きい力を発揮することになる。

日本政府は駐韓日本大使を通じて、韓国政府が修正を要求した事項に対する検討結果を通報した(二〇〇一・七)。要するに学説に照らして明白な誤りだと考えられなく、また教科書検定制度上、出版社に訂正を要求できないという内容である。具体的な理由としては、日本の教科書検定が特定の歴史認識と歴史事実を確定するものではないうえに、今回の検定は学習指導要領および「近隣諸国条項」を含んだ検定基準にもとづいて厳正になされた点を加えた。その一方で日本政府の歴史認識は、一九九五年八月一五日に発表した「村山談話」を継承するという点も明らかにした。

日本政府が韓国政府の要求を無視した背景には、他国が自国の歴史教科書の記述に対しあれこれと批判するのは内政干渉に該当するという、やすらかではない心境が背景にあった。こうした心境をもとに、日本政府は韓国政府の抗議をものともせず、右派の歴史観を取り入れた高校用日本史教科書『最新日本史』も検定で合格にした(二〇〇二・四)。韓国政府と日本政府は今回の歴史問題に対応する方策の一つとして、「日韓歴史共同研究委員会」を設置、運営することに合意した(二〇〇一・一〇・一五)。そして『新しい歴史教科書』問題はひとまず収拾の局面を迎えることになった。

しかし、日本の歴史教科書問題は二〇〇五年三月から四月に、再び日韓の外交懸案として浮上した。日本の文部科学省の中山成彬大臣が、学習指導要領に竹島（独島）が日本の領土であることを明記するよう主張したうえに、さらに下村博文政務官が日本軍「慰安婦」問題を中高の歴史教科書で扱うことは適切でないと主張したのである。こうした発言に合わせるように、文部科学省は『新しい歴史教科書』を再び検定で合格にした。韓国政府は、これに対して外交ルートを通じて強力に抗議し、是正することを求めたのである。ところが日本政府は、教科書検定は厳正に実施されたという点を強調して是正要求に応じられないと反論した。日韓両国政府は攻防を繰り返しながら、盧武鉉大統領と小泉純一郎首相の首脳会談で「日韓歴史共同研究委員会」を再び発足させる方向での妥結を模索した。今回の委員会には特別に教科書小グループが設置されたが、日本側の強い反対のもとで、本来の懸案であった教科書問題を取り扱うこともできないまま、二〇一〇年に活動が終了したのである。

その後も、韓国と日本は歴史教科書の記述をめぐって恒例行事のように攻防を繰り返した。日本政府は三月末から四月初め頃に順番をかえて小・中・高の教科書の検定結果を発表するが、そのたびに韓国と日本はその内容をめぐって摩擦を引き起こしたのである。

二〇〇六年、自民党の安倍晋三は、北朝鮮の日本人拉致問題を政治の争点に掲げ、小泉首相に続き保守勢力を結集して政権掌握に成功した。彼は首相になるやいなや、一九四七年に制定、施行された教育基本法を改正して、愛国心を養うことを学校教育の一つの目標に設定した（二〇〇六）。ナショナリズムの色彩が濃厚になるように改正された教育基本法により、歴史教育や社会科の学習指導要領も、日本の優秀性と歴史の正当性を強調する見解を盛り込むよう改訂された。とくに二〇〇八年七月一四日に告示された中学校学習指導要領解説書には、独島（竹島）を日本領土として明確に理解させる、という内容が盛り込まれた。これにともない歴史教科書と社会科教科書なども、独島（竹島）は日本の領土であるという記述が大幅に増えることになった。韓国政府は外交通商部声明（七・一五）などをとおして、これに対し強力に抗議する一方、駐日韓国大使を一時帰国させる強硬な姿勢をとった。それでも日本の社会科教科書は、その後、独島（竹島）が日本の固有の領土であり、韓国が不法に占領しているという内容の記述を大幅に増やすことになった。

二〇一二年に安倍晋三は、二回目の政権掌握過程で、日本軍「慰安婦」の強制性を否定し、「河野談話」などを修正すると公言した。政権就任後には、二〇〇五年の歴史教科書問題の時に、「慰安婦」問題を教科書記述から取り除かなければならないと主張し、また最近では教科書検定基準で「近隣諸国条項」を廃止すべきと進言した下村博文議員を文部科学大臣に任命したのである。このことにより教科書検定をめぐって韓国と日本の衝突がより激しくなる可能性が高くなった。実際に二〇一三年以後、独島に関し「島根県竹島」という用語を使って、韓国が独島を「一方的」または「不法」に占拠していると記述する教科書が数多くあらわれるようになった。反面において、日本軍「慰安婦」に対する記述は減ったのである。

このようにして一九九〇年代中盤まで、改善の方向に歩んできた日本の歴史教科書の日韓関係史記述は、最近ではかえって後退する方向に逆戻りする傾向が強まったのである。したがって日本の歴史教科書問題をめぐる韓国と日本の対立は、緩和されるどころかむしろ悪化する状況が大勢となった。このことは、改善の傾向をみせてきた日本政府の歴史認識に対して反対の現象といえる。

靖国神社参拝問題

二〇〇一年以後、日本の首相と主要閣僚の靖国神社参拝は、日韓間に歴史対立を触発する一つの要因として慣習化してしまった。敗戦以後、今日まで、日本の歴代首相は公式、非公式を合わせて通算六〇回あまり靖国神社を参拝している。ところが、韓国政府とマスコミがこれを大きな問題として取り上げたのは、小泉純一郎首相が靖国神社を参拝した二〇〇一年八月一三日以後のことであった。それ以前には外交通商部当局者の遺憾表明や一部新聞の社説掲載などが数回あっただけで、政府が外交懸案としたり、マスコミが非難し世論を醸成したことはほとんどなかった。したがって靖国神社参拝問題は、ほかの歴史問題よりもはるか後に懸案事項として浮上したものである。歴史認識は固定、不変のものではなく、時代や状況が変わるにしたがって新しく生成されたり、浮沈する生きている意識ということを象徴的にみせてくれる出来事である。

一九八五年八月一五日、中曽根康弘首相は国務大臣と共に靖国神社を公式参拝した。彼は参拝の理由を、祖国と同胞のために犠牲となった戦没者一般を追悼して、日本と世界の平和のための決意を新しく確かめるためだと説明した。ところが彼は、敗戦四〇周年に際して「戦後政治の総決算」をスローガンにして政権運営したが、日本が東アジアで沈没しない航空母艦にならなければならないと主張するなど軍事大国化を推進していたために、彼の靖国神社参拝は国際社会でも注目を集めた。とくに中国政府はこれに敏感に反応し、強い語調の抗議声明を発表した。韓国政府は公式見解を明らかにしなかったし、言論でも「東亜日報」が社説(一九八五・八・一六)で、日本が「軍事大国化と神道主義的右傾化に進むことを警戒する」という憂慮を表明した程度であった。とにかく中曽根首相の靖国神社参拝は、日本国内でそのような行為が憲法で規定した政教分離原則に背くかどうかを問い正す状況から抜け出して、一挙に日本の軍国主義復活を心配する国際問題に飛び火する契機になった。

一八六九年六月に東京に建てた招魂社から出発した靖国神社（一八七九・六改称）は、単純な宗教施設ではない。明治維新以来、数多くの内戦で天皇側に立って戦い死んだ軍人や日清戦争、日露戦争、満州事変、日中戦争、アジア太平洋戦争など、日本が引き起こした大小の侵略戦争で命を落とした二四六万六〇〇〇人あまりの戦没者合祀名簿を奉安して祭事をおこなうところである。ここには江華島《カンファド》事件（一八七五）当時に死んだ船員、大韓帝国の義兵を鎮圧して戦死した軍人、韓国の若者たちを戦場に追い立てた朝鮮総督小磯國昭をはじめとして、極東国際軍事裁判（東京裁判）で「平和に対する犯罪」を犯した罪でA級戦犯（一九四五年八月に米・英・ソ・仏がロンドン会議で制定した国際軍事裁判条例によれば、戦争の計画、準備、開始、実行などを主導した場合をA級戦犯として分類する）で判決を受けた一四人まで含まれている。

敗戦前、靖国神社は国家神道体制の中で別格官幣社に昇格して陸軍と海軍が管理した。天皇が運営費として一万石の土地を下賜して、天皇家と同じ菊花紋様を使用することを許した。また天皇が直接参拝して戦没者の魂を呼び出し祝賀して、護国の神として祭り上げた。敗戦以後、日本を占領統治した連合国軍最高司令部は、軍国主義の象徴である国家神道体制を解体して、政教分離原則により靖国神社をはじめとしてすべての神社を政府の管轄から除外して宗教法人として改編した。それでも歴代首相と閣僚は陰に陽に靖国神社を参拝した。天皇もA級戦犯が合祀される一九七八年一〇月一七日以前まで参拝を継続したのである。

靖国神社には日本の植民地支配の下、強制的に戦場に引き出されて犠牲になった二万一〇〇〇人を超える韓国人も合祀されている。それだけでなく何年か前にも、生きている二〇人あまりの韓国人が死者として祀られていたという呆れたこともあった。したがって韓国人にとって靖国神社は通常の戦没者慰霊施設ではない。

国際的観点からすれば、日本の首相や閣僚のような政治指導者が靖国神社を参拝するということは、日本の韓国侵略と支配、アジアと世界に対する戦争を賛美して宣揚することだと受けとめられやすい。これは日本が受諾して参加したサンフランシスコ講和条約以後の国際秩序を否定することになろう。しかも合祀された韓国人の遺族たちが名誉と人格を傷つけられたとして、合祀撤廃を要求していても、宗教教理上の問題という理由をあげてこれを拒否しているのは、韓国が日本の支配から解放されたことを無視したものとして映るのである。

日本政府はお金がかかる援護恩給の対象では国籍が違うという理由をあげて、韓国人犠牲者を除外している。それなら国籍が異なる韓国人を合祀から解くことが当然のことではないのか。お金がかかる場合には韓国人を日本人と差別して、お金がかからない場合には韓国人を日本人のように取り扱うのは、論理的に合わないだけでなく、戦後処理で日本の品格を落とす事例だとみることができる。

日本国内の観点でみても、首相や閣僚の靖国神社参拝は政教分離の原則に背くことである。

日本国憲法第二〇条は、どんな宗教団体も国家から特権を受けることができず、国家またはその機関はどのような宗教活動も、そのための公金支出または公的財産活用もできないように規定している。このため、一部訴訟では首相と閣僚の靖国神社参拝が、憲法の精神に違反する素地があるという判決が下されることもあった。そのほかにも日本の憲法は武力の放棄と平和の実現を標榜している。歴代日本政府は、この平和憲法の精神を実現するために武器輸出や集団的自衛権の行使を禁止するなど、相当な努力を傾けてきた。首相と閣僚たちの靖国神社参拝は、今まで日本が積みあげてきた平和国家としての業績を傷つけることでもある。

右のような国内外の事情を勘案すれば、韓国が日本の首相や閣僚の靖国神社参拝に対して神経を尖らせて抗議するのは当然のことといえる。中国は、日本のA級戦犯が主導した侵略戦争に勝利することによって今日の国家体制を樹立したという歴史認識を堅持している。日本も侵略を事実と認定して謝罪することによって、一九七二年に中国と国交を再開した。ところが中曽根首相が「戦後政治の総決算」という方針の下、閣僚を導いて当然のように靖国神社を参拝したので、中国としては日本がもう平和国家体制を終わらせて軍事国家体制に移行するのではないかと疑うほかはなかった。そして韓国とは比較にならないほど強力に抗議したのだ。日本政府は中国の抗議を重く受け止めて、一九八六年から首相と閣僚が公式に靖国神社を参拝することを中止した。この時までの日本政府は国際関係を重視して近隣諸国の国民感情に配慮する態度をみせた。

首相の靖国神社参拝は一九八六年から二〇〇〇年までは小康状態をみせた。ただし一九九六年七月二九日に橋本龍太郎首相が私的参拝をした。韓国政府は外務部当局者の論評を通じて、日本が近隣国家と真正な善隣友好関係を構築するためには、過去に日本帝国主義の侵略によって被害を受けた国家の国民感情を尊重すべきである、という意向を明らかにした。

二〇〇一年から二〇〇六年まで自民党政府を導いた小泉純一郎首相が、毎年靖国神社を参拝すると、すぐに韓国との対立は深刻化した。彼は自民党の総裁選挙に出馬した際に、首相に就任すれば八月一五日戦没慰霊祭の日に、どんな批判を受けようとも靖国神社を必ずや参拝すると語った。彼は首相に就任するや、非難の矛先を和らげるために、公言より二日繰り上げて、二〇〇一年八月一三日に靖国神社を参拝した。彼は、祖国の未来を信じて戦陣で散っていった御霊の前で、今日の日本の平和と繁栄が、その尊い犠牲のうえに築かれていることに改めて思いをいたし、平和への誓いを新たにするためと、参拝理由を明らかにした。

韓国政府は小泉首相の靖国神社参拝に正面から反発した。早くから堂々と公言し実践した行動であったから、韓国政府としては従来のように慎重に注目し、あいまいな対応をするわけにはいかない立場にあった。おりしも文部科学省が敗戦前の日本の歴史と文化を擁護する中学校用『新しい歴史教科書』を検定に合格させたために、小泉首相の靖国神社参拝は日本がいわゆる普通国家（軍事力を使って戦争することができる国）に進もうという意思の表現ではないのか、と疑いを受けるほどの状況であった。この時、韓国と日本は『新しい歴史教科書』の検定通過をめぐって外交摩擦を引き起こしていた。これに対し韓国の外交通商部はスポークスマン声明を発表し、小泉首相が植民地支配と侵略で世界平和を破壊してわが国民に言いあらわせない被害と苦痛を抱かせた戦争犯罪者の合祀名簿がある靖国神社を参拝することによって、わが国民の感情に再び傷を負わせたことに憂慮と怒りを感じると抗議し、参拝の中止を要求した。合わせて駐韓日本大使を呼んで同様の意見を伝えた。駐日韓国大使も外務事務次官を訪問して、本国政府の方針を伝達した（二〇〇一・八・一四）。その前、日本と関係改善を希望した金大中政府は、日本政府に靖国神社の代わりに別途の国立追悼施設の建設を提案した。そして靖国神社に合祀された韓国人名簿を韓国に提供し、それを除外することを要求した（二〇〇一・七・二〇）。

韓国政府が外交通商部スポークスマン声明を発表して駐韓日本大使を招致して抗議とともに参拝中止を要求したり、駐日韓国大使が外務事務次官を訪問して本国政府の方針を伝達する形式の対応は、小泉首相が六回目として参拝をする二〇〇六年八月一五日まで毎年繰り返された。韓国の国会は「靖国神社の韓国人合祀取り下げおよび日本閣僚などの靖国神社参拝中断要求決議案」を採択した（二〇〇五・五・四）。とくに盧武鉉大統領は釜山で開催されたＡＰＥＣ（アジア太平洋経済会議）首脳会談で小泉首相に直接、首相と政治家の靖国神社参拝は韓国に対する挑戦だと話し、日本が過去に戻ろうとしているのではないのか憂慮されると語った（二〇〇五・一一・一八）。文部科学省が『新しい歴史教科書』を再び検定に合格させて、島根県が「竹島の日」を制定して日韓関係がとても悪くなった状況から出された強力なメッセージであった。

韓国政府の強力な抗議にもかかわらず、自民党は第七〇回党大会（二〇〇四・二・一六）で靖国神社参拝を運動方針として採択した。一九五五年の結党以来、初めての出来事だった。自民党は平和の決意を心に刻み、犠牲者に対する感謝と哀悼の誠意を捧げるという名分を前に出しながら、愛国教育の強化とともに日本国民のナショナリズムを高揚させようという政策意志の表明であった。その向こう側には、集団的自衛権の行使と憲法改正などをとおして、戦争ができる「普通国家」に変身しようという長年の思惑が隠されている。

二〇一二年一二月に二度目の政権の座に就いた安倍晋三首相は、自身の第一次政権当時（二〇〇六・九～二〇〇七・八）に靖国神社を参拝できなかったことが「千秋の恨み」であると語った。これは首相在任中に靖国神社を必ず参拝するという意志の表明であった。安倍首相の心中を察した日本の閣僚と国会議員たちは、二〇一三年夏、過去最大の人員を集めて靖国神社を参拝した。ここには総務相などの主要閣僚も含まれていた。安倍首相は供物料を奉納した。これに対して韓国の朴槿恵政府は、安倍政府の退行的歴史観に対し深い憂慮を表明したのである。そして日本が歴史問題で前向きな姿勢をとらないかぎり、首脳会談を留保するという意向を明らかにした。

二〇一三年一二月二六日、安倍首相は就任一周年を迎えて電撃的に靖国神社を参拝した。国際社会の批判と抗議を意識した彼は、国のために戦い、尊い命を犠牲にされた英霊に対し、尊崇の念をあらわすためのもので、韓国と中国国民の気持ちを傷つける考えは毛頭ない、と参拝を弁明した。韓国政府は安倍首相が戦争犯罪者を合祀している施設を参拝したことは、日韓関係はもちろん東北アジアの安定と協力を根本から傷つける時代錯誤的行為だと非難した。韓国政府は、戦争犯罪者を、世界平和を破壊して近隣国家に対し言葉では言いあらわせない被害を与えた者、植民地支配と侵略で私たち国民と近隣国家に苦痛を与えた軍国主義者として認識している。中国政府が今回も強硬な怒りをあらわしたことは話す必要もない。日韓の歴史対立が東アジアの軍事同盟と安全保障に障害をもたらすとみて、心配していたアメリカ政府も失望したという声明を発表した。韓国と日本で、新政府が樹立したにもかかわらず歴史問題をめぐって関係が険悪になり、首脳会談を開くことができない状況の中で、安倍首相が靖国神社を参拝することによって、両国の間の歴史認識の対立は出口を探せないほどよりいっそう深刻になったのである。

独島（竹島）領有権問題

「独島は歴史的・地理的・国際法的に明白な大韓民国の固有領土である」。これが韓国政府の公式見解である。韓国政府はその理由について、つぎのような根拠を述べている。まず、独島は鬱陵島《ウルルンド》から肉眼でみることができる距離に位置する。韓国人は六世紀以来、独島を鬱陵島の属島として認知してきた。近代に入って大韓帝国は勅令第四一号を頒布して、独島を韓国の領土だと確認していた（一九〇〇）。また、日本はすでに自国民に鬱陵島渡航禁止令を下して（一六九六）、近代に入っては鬱陵島と独島が日本の領土でないという指令を発布したことがある（一八七七）。それでも日本は一九〇五年、日露戦争を口実に独島（竹島）に望楼と電線を架設するという名目で、独島（竹島）を島根県に不法編入させた。これで独島は日本が韓半島を侵奪する過程で、最初に奪いとった土地になった。韓国が独島（竹島）領有権問題を特別に「歴史問題」として取り扱うのはこのような理由のためである。

日本は敗戦以後、独島（竹島）を韓国に渡して当然であった。カイロ宣言は、日本が暴力と貪欲により略取したすべての地域から放逐されることを明らかにした（一九四三）。また、連合国最高司令部覚書第六七七号は、独島を統治および行政上日本に含まない、と規定し（一九四六）、サンフランシスコ講和条約はこの事項を再確認した（一九五一）。韓国は「海洋主権宣言」を発表して「平和線」（別名、李承晩ライン）を設定して、独島をその中に含ませた（一九五二・一）。その後、現在まで韓国は独島を実効的に領有している。このような事実をみる時、独島（竹島）に対し歴史的・地理的・国際法的に確立された韓国の領有権は、現在に至るまで中断なく続いていると確認することができる。

反面、日本は韓国の論理を逐一反論して、独島（竹島）領有権が日本にあると主張する。日本側の主張の核心は、つぎのとおりである。

- 竹島は歴史的事実に立脚しても、国際法上も、明白に日本固有の領土である。
- 韓国による竹島占拠は、国際法上何の根拠もなくなされている不法占拠であって、韓国がこの不法占拠にもとづいて竹島でおこなういかなる措置も法的な正当性があるものではない。
- 日本が竹島を実効的に支配して領有権を確立する以前に、韓国がこの島を実効的に支配していたという事実を示す明確な根拠が、韓国側から提示されていない。したがって日本は竹島領有権問題を「国際法上の領土問題」としてみる。

日本は独島（竹島）領有権問題を、国際司法裁判所に提訴しようと韓国側に提案したが、韓国は応じなかった（一九五四・九）。また、日韓会談の時も、小坂善太郎外務大臣が崔徳新《チェ・トクシン》外務部長官に、この問題を国際司法裁判所に提訴することを提案したが（一九六二・三）、韓国が受け入れないまま現在に至っている。国際司法裁判所は、紛争の当事者双方が同裁判所に解決を求めると合意して、はじめて稼動する体制である。したがって日本が一方的に提訴するとしても、韓国側がこれに応じる義務はない。また韓国が自主的に応じないかぎり、国際司法裁判所の管轄権は設定されないのである。

一九五〇年代以来、韓国と日本は、独島（竹島）領有権問題を国民感情と直結した主要事項として認識し、激烈で粘り強く論争しながらも、日韓関係の根本を壊さない線で慎重に取り扱った。日本は第二次日韓会談（一九五三・四・一五〜七・二三）時から、独島（竹島）問題を取り上げはじめたが、「李承晩ライン」と独島（竹島）領有権に対する意見が異なるなどで、会談自体が決裂した。

日本が独島（竹島）領有権問題を本格的に提起したのは、日韓会談が妥結にむかって駆けのぼっていた第六次会談（一九六一・一〇〜一九六四・四）の時であった。その頃、日韓外相会談で日本が国際司法裁判所提訴を要求するや、韓国は国民の途方もない反対などを理由にして断った。日本は、金鍾泌《キム・ジョンピル》中央情報部長を相手に、執拗に国際司法裁判所への提訴を要求した。金鍾泌は、独島問題は当初より基本条約の論議事項でないと反対したが、第三国の調整にまかせるのはどうなのかという意向をほのめかした。しかしながら両国ともこれを受け入れなかった。そのような渦中に日本の外務省アジア局長の伊関佑二郎が「日比谷公園くらいの大きさしかないのだから爆破して問題をなくしてしまえばいい」と発言したことが波紋を広げたのである。韓国は日韓会談中、独島は歴史的でも国際法上でも韓国の固有領土なので交渉対象でないという姿勢を堅持した。

独島（竹島）領有権問題は日韓会談を仕上げる文書である「紛争処理に関する交換公文書議定書」の作成過程で再び熱い争点に浮上した。日本は独島（竹島）が紛争地域であることを明示しようと強力に要求したが、韓国は紛争の対象でないという強硬な姿勢を固守した。李東元《イ・ドンウォン》外務部長官が日韓基本条約締結を明日に控えて椎名悦三郎外務大臣と会談するとき、朴正熙大統領は「独島問題を韓日会談の議題に含ませるな」と指示した。そして本件は韓国政府の安定と運命がかかった重大な問題であるから、もし韓国側が受諾できる解決策が出てこないのであれば韓日会談を中止しても構わないとまで語った、と日本側を圧迫した（一九六五・六・二二）。このようして「紛争処理に関する交換公文書議定書」には独島（竹島）の名前が入らないようにさせた。ただし両国の国民感情を勘案して、韓国は国内的にこの議定書で独島問題が除外されたと主張し、逆に日本は竹島問題が含まれたと主張して互いに了解することで合意した。そうだとしても韓国の独島（竹島）に対する実効支配を日本が認めたことには変わりない。

「紛争処理に関する交換公文書議定書」は日韓条約締結以後、両国間に紛争が生じる場合、二種類の方法で解決するように定めている。はじめに両国間の外交ルートをとおして議論し、これで解決できない場合には調停で解決する。調停というのは第三国を仲裁者として立て問題を解決することだが、ここには国際司法裁判所をとおした解決が包含されなかった。したがって独島（竹島）領有権問題を国際司法裁判所で解決しようという日本側の要求は、日韓条約が締結されることによって事実上消滅したとみることができる。実際に、日本政府はその後二〇一二年の李明博大統領の独島訪問以前まで、独島（竹島）領有権問題を国際司法裁判所に回付しようと韓国に正式に要請したことがない。また一九六五年まで毎年韓国政府に送っていた抗議書を、数年の間送らなかったし、韓国が独島主権を強化する言動をしても抗議しなかった。

こうして小康状態に入っていた独島（竹島）領有権問題が一九七七年を前後して再び火の手が上がった。世界各国が排他的経済水域を二〇〇カイリに拡大するにつれ、日本も一九七七年にいわゆる「二〇〇カイリ漁業専管水域法」を制定して新しい海洋秩序に対応したためである。福田赳夫内閣は「竹島は日本領土なのに韓国が不法に占拠している」という発言をした。独島（竹島）を基点に二〇〇カイリ経済水域を確保したいが、鬱陵島と独島の間は五〇カイリにすぎないので、その中間線まで占有しようという意図であった。その時期は日韓条約締結の主役が政治と行政の一線から退いて、「独島（竹島）密約」説の効力も光を失いはじめた時点と合致した。

「独島（竹島）密約」というのは、日韓条約が結ばれる五カ月前の一九六五年一月、丁一権《チョン・イルゴオン》国務総理と河野一郎国務大臣が国交正常化のために、独島（竹島）領有権問題の解決を永久に先送りしようという合意をしたという説である。外交で妥協することの難しい問題を妥結するとき、活用する「解決せざるをもって、解決したとみなす」（未解決の解決）という方法に依拠した。その内容はつぎのようである。

（1）独島（竹島）は今後、日韓両国ともに自国の領土と主張することを認め、同時にこれに反論することに異議を提起しない。

（2）将来、漁業区域を設定する場合、両国が独島（竹島）を自国領土とする線を画定し、二線が重複する部分は共同水域とする。

（3）現在韓国が占拠した現状を維持する。しかし警備員を増強したり、新しい施設の建築や増築はしない。

（4）両国はこの合意をずっと守っていく。

しかしながら「独島（竹島）密約」が実際に存在したのかしないのかはまだ明らかになっていなかった。一つの「説」にすぎないが、その間の情況からみて信憑性がまったくないものでもない。

一九九四年、国連総会は排他的経済水域を二〇〇カイリに拡張する案を通過させた。その頃から日本の独島（竹島）領有権主張がよりいっそう強くなった。韓国はこれに合わせて独島に接岸施設をつくるなど実効支配を強化していった。一九九八年一月、日本は一九六五年六月に日韓条約と共に締結した漁業協定を破棄した。金大中政府は紆余曲折の末、日本と「新漁業協定」を締結したが、ここでは独島（竹島）が中間水域、すなわち共同管理区域に入っていた。この時、韓国は鬱陵島を二〇〇カイリの基点とみなしたのに反して、日本は独島（竹島）を基点とみなした。これを機に韓国では独島（竹島）領有権が損傷を受けたという批判の世論が起きたのである。この点について二〇〇九年に憲法裁判所判決は「新漁業協定」はあくまでも漁業協定であるから、独島（竹島）領有権問題とは関係がないという政府の立場を支持した。

日本は、太平洋上の二～三メートルの大きさのサンゴ礁にすぎない沖ノ鳥島にコンクリートを注ぎ込んで上陸可能な人工島としてつくって、二〇〇カイリの排他的経済水域を宣言した。日本が独島（竹島）を狙う背景には、このように排他的経済水域を含んだ海洋領土拡張の思惑が潜んでいることがわかる。

こうした状況の中で、二〇〇四年四月、日本政府は、独島（竹島）近隣から水路を測量する計画を立てた。韓国政府は駐韓日本大使を呼んで探査計画を撤回するように促した。日本政府はむしろ海洋探査船の活動などを援護するために、韓国の独島領海一二カイリまで巡視船を送るという声明を発表して出港に必要な万全の準備をした。韓国政府は当然日本の挑発に対して、真っ向からの対決も辞さないという方針を明らかにした。独島（竹島）周辺で日韓の間に武力衝突が起きるかもしれないきわどい瞬間であった。結局、日韓両国は外交交渉を通じて衝突を回避したのである。「紛争処理に関する交換公文書議定書」の手続きによって問題を解決したのである。

その後、独島（竹島）領有権問題は、島根県が二〇〇五年に毎年二月二二日を「竹島の日」として制定することによって、再び日韓間の争点として浮上した。一九〇五年二月二二日は明治政府が独島（竹島）を島根県に編入したと告示した日である。それから一〇〇年を迎えて、独島（竹島）と因縁が深い島根県が条例として「竹島の日」を設定したのである。韓国政府はこれが歴史的、地理的、国際法的に明白な韓国領土である独島に対する主権を侵害する行為だと、非難声明を発表して同条例案を直ちに廃棄するように要求した。

日本の海上保安庁による独島（竹島）近海の水路探査の試みと島根県の「竹島の日」制定などは、韓国人に日本人の歴史認識を全面的に再評価する契機になった。ちょうどこの時は、小泉首相の靖国神社参拝、『新しい歴史教科書』の文部科学省検定通過などにより、日韓関係が急速に悪化していった時点であった。これに対し盧武鉉大統領は「最近の韓日関係に対する特別談話」を発表し（二〇〇六・四・二五）、独島が日本の韓半島侵奪過程で最初に併呑された特別な意味をもった歴史的土地であると強調して、今、日本が独島に対する権利を主張するのは帝国主義の侵略戦争による占領地権利、さらには過去の植民地領土権を主張することだと非難した。これは韓国の完全な解放と独立を否定する行為であることから、韓国は主権回復の象徴である独島と自主独立の歴史を守護するために国家の力と外交的資源をすべて動員し、持続して強力で断固として対応することを明らかにした。この時を前後して韓国では、独島教育が強化されて、独島旅行が自由になった。

さきに歴史教科書問題でふれたように、日本では二〇〇六年九月、保守勢力の支持を受けて第一次安倍晋三政権が出現し、教育基本法を改正して愛国心の育成と領土主権の教育を全面に掲げた。これにともない、中学校地理的分野の学習指導要領解説に独島（竹島）に対する領土教育が添加されたのである。韓国政府は駐韓日本大使を呼んで抗議する一方、駐日韓国大使まで召還して強硬な姿勢をみせた（二〇〇八・五〜七）。そして日韓外相会談で厳重に抗議するにとどまらず、李明博大統領が直接に福田首相との首脳会談の席で強い憂慮を表明した（二〇〇八・七・八）。国内的には二〇〇六年九月に設立された東北アジア歴史財団に独島研究所を設置して、長期的で戦略的な観点から研究と広報を強化するようにした（二〇〇八・九）。

日本政府の独島（竹島）領有権の主張と領土教育の強化は、民主党政権が出現した後にも弱くはならなかった。小・中・高校の学習指導要領が独島（竹島）を、ロシアが占有している北方領土水準で重く取り扱うように規定し、社会科教科書などに独島（竹島）が日本の固有領土なのに韓国が不法に占拠しているという記述が大幅に増加した。「外交青書」と「国防白書」などの記述も類似した傾向をみせた。そして独島（竹島）領有権をめぐって韓国と日本の対立はますます尖鋭化していったのである。

このような状況の中で、李明博大統領が電撃的に独島を訪問すると（二〇一二・八・一〇）、日本政府とマスコミは驚愕した。民主党政府は駐韓大使を一時召還して、独島（竹島）問題を国際司法裁判所に提訴しようと韓国政府に要求した。韓国政府は大統領の独島訪問は、地方巡視の一環であるから日本政府がその是非を問う事案ではなく、独島（竹島）問題を国際司法裁判所に諮る何らの理由もないと一蹴した。両国のマスコミは、自国の主張を擁護する立場に立って、独島（竹島）問題を大々的に報道した。そして独島問題が、両国国民の間でも主要な争点になったのである。とくに日本では政治家とマスコミが、これをナショナリズムを煽る好材料として活用したのである。

さらに、国民のナショナリズムを刺激して保守勢力を結集することに成功し、再び政権を掌握して第二次安倍内閣が出帆すると（二〇一二・一二）、独島（竹島）領有権をめぐって韓国と日本の対立はいっそう深刻化した。日本と中国が、いま尖閣諸島（釣魚島）領有権をめぐって一触即発の対決を繰り広げているために、表面的には独島（竹島）問題は陰に隠れて相対的にあまり浮き彫りにされていないようにみえる。しかし独島（竹島）領有権問題は、いつでも日韓関係を危機に追い詰めることができる最大の懸案として残されている。

一方、韓国と日本は「東海（日本海）」の名称をめぐっても攻防を繰り返している。韓国は北朝鮮と共に、国連に加盟した翌年、国連地名標準化会議で、「日本海」を「東海」に変更するよう要請した（一九九二）。「日本海」は、帝国主義時代に使われた名称である一方、「東海」は広開土王碑文（四一四）に記載されたように、数千年の間近隣住民たちが使用してきた名称であり、国連の地名表記原則により符合するという論理であった。もちろん、日本は「日本海」が明治維新以前から日本と西洋で使われたと主張して反発したのである。

国連は国際地名表記では、一つの地名だけを認定するという趣旨で、ひとまず「日本海」という名称を維持している。ところが地域住民の意思を反映して、国際地名が変更される事例がなかったことではない。そして韓国と日本は、国際水路機構（ＩＨＯ）などの国際会議と各種文献、ウェブサイトなどをとおして、自国の主張を広く知らしめて各自の名称を広めるために努力している。

第3章

未解決の歴史問題

強制動員の被害者

東北アジア地域の和解と共生のために避けられない問題は、日本の植民地支配と侵略戦争によって被害を受けた犠牲者に対する補償の実現である。日本はアジア太平洋戦争を遂行する中で、朝鮮人と中国人を強制的に連行して苛酷な労働に従事させた。植民地末期には朝鮮人を日本軍へ徴集して戦場に送り出した。女性もさまざまな労役に動員されている。女子挺身隊として労役に従事したケース以外にも、「慰安婦」として引っ張られて日本軍人を相手に性奴隷のような生活を強要された人々が数万人もいた。彼女らの境遇は悲惨そのものだった。彼女らは死傷や病気、精神的苦痛などに対する補償どころか、労働の代価である賃金や強制貯蓄などの積立金さえも受け取れなかったケースが数多くあった。

韓国政府は解放直後から全国各地で提起される補償要求を受け付けて、とり急ぎ大まかな実態調査をおこなった。そして、その結果をもとにサンフランシスコ講和条約に臨んで日本に賠償を求める方針だった。しかし日本は、アメリカなどの連合国に対して、韓国は交戦国ではない、在日朝鮮人が共産主義に傾倒して敵対勢力になるだろうといったことを理由にして反対世論をつくり、韓国は講和会議に参加することもできない状況であった。朝鮮戦争の勃発など東西冷戦が激しくなるにつれ、ソ連と中国もアメリカが主導したサンフランシスコ講和条約の締結に参加しなかった。

連合国と日本が戦後処理のために結んだサンフランシスコ講和条約は、植民地支配などに関連した諸問題の処理は、該当国家相互間に協議を通じて解決するように規定した。韓国と日本はこの規定により一九五一年から会談を進めたのである。とくに日韓両国は、植民地支配に対する謝罪と補償などをめぐって一四年間も激しい攻防を繰り広げた。しかし、最後まで意見の違いを狭めることができずに、一九六五年、日韓基本条約と付属協定などを締結した。両国は、徴兵・徴用などに対する補償などの問題は、付属協定中の一つである「財産及び請求権に関する問題の解決並びに経済協力に関する日本国と大韓民国との間の協定」(略称は「請求権協定」)により処理することで合意した。請求権協定は日韓会談当時にも論議が多かっただけでなく、今日までも賛否両論が対立している協定である。請求権協定の骨子はつぎのとおりである。

第一条　日本国は、大韓民国に対し、一〇年にかけて無償三億ドルと有償二億ドル(年利率三・五パーセント、据え置き七年、償還期間二〇年)を提供する。

第二条　両国とその国民の財産・権利及び利益と請求権に関する問題が完全かつ最終的に解決されたことを確認する。

請求権協定は、サンフランシスコ講和条約の精神を受け入れたものであった。サンフランシスコ講和条約はアメリカの意向が反映し、日本に対する賠償要求を放棄した。日本はこれを武器として、韓国に対し補償要求を撤回して経済協力方式を採択するように迫った。アメリカもそうすることを望んでいた。当時、世界で最も貧しい国に属していた韓国は、アメリカの無償援助の大部分が減少した状況の中で、安全保障上の不安と経済困難を打開するためには、日本の主張を受け入れるほかはなかったのである。軍事クーデターで政権を掌握した朴正熙政府は、経済開発の推進こそが政権維持のために必要な絶体絶命の課題であった。

請求権協定で問題となったのは、民間レベルの補償問題であった。韓国政府が日本政府と繰り広げた請求権交渉は、民間の財産権交渉を代行した性格を帯びていた。その過程で韓国政府は、日本政府が国家補償の方法を採択するよう貫徹することによって、国家が請求権資金をみずから活用できる道を開いた。韓国政府は、国内では個人補償の金額を少なくして時期を遅らせることで、日本からの請求権資金を経済開発に集中させる戦略を駆使したのである。個人補償は、一九七四年に関連法をつくって不充分ながら施行した。個人の請求権と財産権が国益に従属した形となったのである。

請求権協定では請求権と経済協力を併記することによって、日本が韓国に提供した資金を両国の事情に合わせて解釈できるようにした。日本ではこれを独立祝い金あるいは経済協力金とし、韓国ではこれを賠償金または補償金と呼ぶことにしたのである。名称は、事案の本質を規定する。日本は請求権協定をもって補償問題は完全かつ最終的に解決されたと主張した。日韓会談の初期から日本政府は、植民地支配に対する省察と反省がなかったために、このような主張にこだわってきたのである。韓国はこれに完全に同意したわけではなかったが、会談を妥結するために日本側の主張を受け入れるような態度をみせたのである。結局、同じ資金に対して、日韓両国がそれぞれ異なる解釈と名称を付けることで、その後の対立と不信の火種を残したわけである。

しかし、一九八〇年代以後、韓国では被害者たちが団体を結成して粘り強く補償要求運動を展開しはじめた。一九九〇年代に入ってからは、被害者本人と遺族が相次いで日本政府と日本企業を相手に訴訟を起こした。日本政府はサンフランシスコ講和条約と日韓条約によって、国家賠償はすでに終結したという公式見解を堅持した。戦後日本から分離した韓国は、日本と戦争を起こした間柄ではなかったので、賠償問題がないのみならず、分離にともなう財産・請求権問題は日韓条約を締結することによって解決されたとみるのが日本政府の基本的な立場である。だから日本政府は、補償問題はすべて終わったと主張したのである。

日本の司法もこのような見解を受け入れ、個人賠償に対してほぼ認めない判決を下してきた。また企業の責任についても原告側の敗訴を宣告するケースが多かった。なかには和解を通じて解決するように勧告する場合もあった。これは企業の法的責任は認めないものの、被害者が訴訟を取り下げる代わりに、経済的救済を果たそうというものである。

韓国政府も、原則では日本政府とほぼ類似した姿勢をとっている。日韓条約自体が、韓国と日本が合意して締結したものであるので、双方の見解がまったく異なることがかえって問題であろう。ただし韓国政府は道義的、人道的レベルで戦後補償に不足するところがあると考え、事例によっては日本政府に適切な補完対策を講じるように求めたのである。

韓国の盧武鉉政府は、日韓会談文書の全面公開を断行して、請求権協定の法的効力の範囲について注目すべき新たな見解を明らかにした(二〇〇五・八・二六)。すなわち日本軍「慰安婦」など日本政府、軍隊などの国家権力が関与した反人道的不法行為に対しては、請求権協定によって解決されたものとはみなされず、日本の法的責任は残っているとした。また在韓被爆者、サハリン残留韓国人などの問題も請求権協定の対象に含まれていないことを明らかにした。したがって日本政府は、従来とは違って別途の補償措置をとらなければならないとした。この懸案事項は、日韓会談の中で議題に登場せず、日韓条約の締結以後に新たに浮上した事案だというのが韓国政府の主張である。もちろん日本政府はこの問題も日韓条約で「完全かつ最終的に」解決されたとする姿勢を堅持している。その一方で、実際には日本政府みずからが、この懸案事項に関連した被害者たちについては、人道的レベルからすでに別途の補償措置をとってきたことも事実である。

これまでみたように日韓の戦後補償問題は、日韓条約によってひとまず解決されたかのようにみえたが、被害者個々人の立場からみれば、十分な補償を受けられずに片付けられた未解決の側面が多い。そして韓国と日本では、一部の弁護士と活動家たちが被害者と力を合わせて損害賠償請求訴訟を粘り強く提起する運動を繰り広げた。

日本政府は一九九五年の村山談話、一九九八年の小渕・金大中「日韓パートナーシップ宣言」、二〇一〇年の菅談話を発表して、植民地支配が招いた多大な損害と苦痛に対して痛切な反省と心からのお詫びを表明した。しかし植民地支配、とくに戦争に動員された被害者の請求権については、一九六五年の日韓条約により完全かつ最終的に解決された、という立場を堅持している。

戦争被害者たちは、この日本政府の主張を納得できず、一九九〇年代に入って日本の裁判所に相次いで訴訟を起こした。一九八〇年代まで韓国をはじめとする東アジア諸国では、冷戦体制と独裁政治のもと、彼らの要求が黙殺されることがつねであった。その後、人々の往来と情報の交流が活発になって、民主主義と人権意識が高まるにつれ戦後補償問題が懸案として浮上したのである。二〇年あまりの間、韓国を含む東アジアの人たちが、日本政府と企業を相手に起こした被害補償訴訟は七〇件に達する。しかしその中で七件の和解を除けばすべて敗訴した。

二〇〇七年四月、日本の最高裁判所は、このような請求を裁判所に提訴することはできない、ほかの方法で解決を模索するように、という結論を下した。裁判をとおした救済の道を閉じるものである。被害者たちの失望は大きかった。しかし裁判を通じて被害事実を知らせ、支援者の連帯を引き出したことは励まされる出来事だった。

二〇一一年以降、韓国の司法府は、植民地下の被害補償問題に関して相次いで厳しい判決を下し、訴訟運動に新たな突破口を開いた。憲法裁判所は日本軍「慰安婦」と在韓被爆者問題を日韓請求権協定の規定により解決できなかった韓国政府の行為（いわゆる不作為）は違憲という判決を下した（二〇一一・八・三〇）。すなわち、この問題が請求権協定により法的に解決されたのか否かについて、日韓の間で解釈上の紛争が発生しているにもかかわらず、韓国政府が定まった手続きにもとづいて紛争解決を試みない行為が、憲法に違反すると指摘したのである。そして大法院は、両国政府レベルですでに消滅したと思われてきた強制徴用被害者の個人請求権が民事事件のレベルで保障されていると認める判決を下した（二〇一二・五・二四）。二〇一三年に入って高等法院は、大法院の判決にもとづき、訴えられた日本の企業は徴用被害者に一定の金額を賠償すべきとの判決を相次いで出した。もし大法院でもこのような判決が下されて、日本企業がこれを実行しなければ、財産差し押さえなどの措置がとられるかもしれない。

韓国司法府が、国際関係と政治外交に関連した懸案についての是非を判決して、補完措置を勧告することによって、戦後補償問題はよりいっそう複雑で微妙な問題になった。三権分立の原則にもとづいた韓国で、行政府は司法府の判決を尊重しなければならない。こうした論理でみれば、韓国政府は司法府の判決を履行するために、日本政府を相手に交渉などの適切な措置をとらなければならない。日本政府が韓国政府の要求を受け入れれば幸いだが、正面から反発する場合は、深刻な外交問題に飛び火する可能性が大きいといえる。そうなると日韓の政府は今までとは異なる別の次元で、よりいっそう激しい攻防を繰り広げる状況に置かれることは明白である。

在韓被爆者

一九四五年八月、広島と長崎で原子爆弾の被害を受けた人数は概略七〇万人（広島四二万人あまり、長崎二七万人あまり）で、そのうち一〇パーセントにあたる七万人あまり（広島五万人あまり、長崎二万人あまり）が朝鮮人だった。朝鮮人被爆者の中で死亡したのは四万人あまり（広島三万人あまり、長崎一万人あまり）であり、生存者は三万人あまりだった。その中で二万三〇〇〇人あまり（広島一万五〇〇〇人あまり、長崎八〇〇〇人あまり）が一九四六年を前後して韓国に帰還した。北朝鮮に行った被爆者は二〇〇〇人あまりいた。日本に残留した被爆者は七〇〇〇人あまり（広島五〇〇〇人あまり、長崎二〇〇〇人あまり）だった、といわれる。

朝鮮人被爆者のうち、とくに広島で被害を受けた人の七〇パーセント程度は慶尚南道陜川《ハプチョン》出身だった。もともと陜川は物産の乏しい奥地で、日本の植民地収奪で生活が難しくなると住民は生計のために広島に渡っていった。そこで被爆した人々の多くが故郷の陜川へ帰った。そして陜川は「韓国の広島」といわれるようになったのである。

韓国に帰った被爆者は苦しみに耐えながら南北分断と朝鮮戦争などを体験し、劣悪な生活環境の中で苦しめられた。彼らは日韓両政府から医療・経済・精神面で何ら支援を受けられないまま、永い歳月を病気と貧困の連鎖の中で暮らしてきた。そして一九九一年六月現在、韓国政府に登録した在韓被爆者数は九二四一人と大幅に減少したのである。四〇年あまりで六〇パーセント以上が死亡したのである。そして六〇年あまりたって、七五パーセントが死亡して二〇一三年五月現在、二六四五人にすぎない状況にある。被爆の後遺症がそれほど深刻だったことを雄弁に物語っている。

日本政府は、数多くの韓国人が原爆後遺症で苦しんでいることを痛ましいと感じていたと思われるが、法的には一九六五年の日韓条約によってすべて解決したという立場をとってきた。そして韓国に在住している人は韓国政府が扱うべき事柄だ、という意向を示した。しかし、被爆者問題は人道上の配慮を必要とするものなので、可能な分野で協力するという態度を示してきた。

日本政府は国内で、一九五七年に「原子爆弾被爆者の医療等に関する法律」、一九六八年に「原子爆弾被爆者の特別措置に関する法律」、一九九四年に「原子爆弾被爆者に対する援護に関する法律」を制定して、日本人被爆者一世の三五万人あまりに各種の福祉を提供してきた。専門病院を設立し原爆治療専門システムを構築し、被爆者健康手帳を発給して全国のどの病院でも安い費用で高価な精密検査と治療はもちろん、入院・治療費と生活費を支援した。一九九八年の一年で被爆者のために一六〇〇億円を使っている。しかし、日本人被爆者が受けている手厚い援護は、在韓被爆者にとっては羨望の対象でしかなかった。

韓国の被爆者は早くから、一九六七年に社団法人「韓国原爆被害者援護協会」を結成して(一九七一年に「韓国原爆被害者協会」に改称)、日本政府を相手に各種支援を求める陳情と訴訟活動を展開してきた。彼らは広島市と長崎市の原爆犠牲者慰霊祭に参加して、在韓被爆者の実状を訴えて、駐韓日本大使館と米国大使館の前でデモをおこなった(一九七二)。また、韓国外務部と駐韓日本大使館を訪問して、在韓被爆者の問題を日韓閣僚会議の正式議題に取り上げるよう要望した(一九七三~七四)。一方、同協会の郭貴勲《クァク・キフン》会長らは、日本政府を相手に日本の裁判所に訴訟を起こした。在外被爆者にも被爆者援護法を平等に適用し、日本の原爆専門病院で無料診察を受けるようにし、被爆者援護手当を支給することなどを求めたのである。一連の訴訟は、二〇〇二年一二月五日、大阪高等裁判所で原告の勝利で終わった。日本政府は国家補償を認定できないという態度を堅持したが、日本人被爆者に対する援護との公平性などを考慮して、人道的観点から上告をあきらめた。時代の推移とともに、日本国内外の事情も大いに変化したことを反映した結果である。このように三五年にわたった在韓被爆者の闘いは一定の成果を得たのである。

ところで、在韓被爆者に援護の道が広がるうえで重要な契機になったのが「孫振斗《ソン・ジンドゥ》手帳裁判」であった。釜山に居住した被爆者の孫振斗氏は、原爆後遺症を治療するために一九七〇年一二月、佐賀県に密入国しようとして逮捕された。彼は出入国管理令違反で懲役一〇カ月を宣告されて福岡刑務所で服役しながら、日本市民団体のサポートで、福岡県知事を相手に被爆者健康手帳の交付を申し入れたが、棄却された（一九七二・七・一四）。

このような気の毒な事情が日本社会に知らされると、これを我が身の問題のように考える日本人があらわれた。福岡、広島、大阪、東京で「孫振斗の日本滞留と治療を要求する全国市民協議会」が結成された。孫振斗氏は彼らのサポートを受けて福岡県知事を相手に被爆者健康手帳交付却下処分取り消し訴訟（いわゆる「手帳裁判」）を起こした。そして数回の裁判闘争をへて、最高裁判所でついに勝訴判決を受けるに至ったのである（一九七八・三・三〇）。旧植民地出身の被爆者を救済するのも日本の国家的道義だと示したのである。こうして在韓被爆者であっても、被爆したことの証拠資料を提示し、あるいは証人を立てれば、被爆者健康手帳の交付を受けて日本で治療できる道が開けた。その後も在韓被爆者は一〇件あまりの訴訟を起こして、限られた範囲の中でも治療と手当てを受けられる機会を拡大していった。孫振斗氏の裁判は、日本国内の援護体制を整備していくうえでも大きな刺激と方向性を与えたのである。

日韓両政府は在韓被爆者の要求と訴訟などに触発されて、一九七〇年代後半から彼らの救済問題を協議した。両国は「在韓被爆者医療援護三個項目」に合意し、韓国人医師の日本派遣、日本人医師の韓国派遣、在韓被爆者の渡日治療などを実施することにした（一九七九・六）。そして「在韓被爆者渡日治療実施に関する協議書」を締結して、一九八一年から五年間、被爆者が渡日して治療できるようにした（一九八一・一二）。日本政府は、被爆者が来日すれば直ちに健康手帳を交付した。治療のための入院期間は二〜六カ月であった。また被爆者の往復旅費は韓国側が負担し、入院中の医療給付と特別手当は日本側が負担した。この合意は五年間有効とされ、この合意にもとづいて在韓被爆者のうち三四九名が広島と長崎の原爆病院で治療を受けた。五年が経過した一九八六年、韓国政府は渡日治療が必要な被爆者はほとんど治療を受け、韓国の医療水準の向上で韓国でも治療できることから渡日治療の終了の意向を明らかにした。そして韓国政府の支援で、大韓赤十字病院に委託して診療を実施したのである。

ところで、韓国原爆被害者協会などは渡日治療期間が一九八六年一〇月で満了することから、駐韓日本大使館を通じて日本政府に二三億ドルの補償と謝罪を求めた（一九八七）。日本政府は一九六五年の日韓条約で終わった問題だと一蹴した。その一方、日韓外相会議で実務レベルの調査団の派遣に合意した（一九八八・三）。韓国に来た四名の調査団は、同協会会員と意見を交換して対策を協議した。これを元に日本政府は、一九八八年と一九八九年にそれぞれ四二〇〇万円の医療費を大韓赤十字社に委託して支援したのである。これに満足しなかった同協議の幹部は、日本に行って日本政府を相手に補償を求めてデモをおこなった（一九九〇）。

このような経緯もあって、在韓被爆者の問題は、一九九〇年五月、盧泰愚大統領が訪日した際の議題の一つになった。日韓首脳会談で海部俊樹首相は、在韓被爆者に対する医療支援のために総額四〇億円程度を提供すると約束した。これにともない日本政府は、大韓赤十字社に設けられた在韓原爆被害者福祉基金に一七億円（一九九一・一一）と二三億円（一九九三・二）をそれぞれ出資したのである。韓国政府は一九九三年六月、大韓赤十字社の傘下に原爆福祉事業所を新設して、日本が発行した被爆者健康手帳を所持した人に一カ月に一〇万ウォンの診療費、死亡者の遺族に葬儀費七〇万ウォンを支給した。一九九六年には陜川に小さな原爆被害者福祉会館を設立して運営している。

日本政府は二〇〇三年、援護法拡大適用に関する基本計画を発表した。これにともない九月から大韓赤十字社を通じて在韓被爆者にも援護手当を支給している。日本政府から在外被爆者であることを証明する健康手帳を受けた人が対象である。そのほかに「在外被爆者渡日支援」（健康診断と治療、医師研修と派遣など）事業も進行中である。

しかし、上記のような支援も被爆一世に限られたものである。それでも在韓被爆者の中で二一歳までの生存者が三パーセントにも満たないという事実は、彼らが長い間、非保護・冷遇の中に放置されていたことを物語っている。韓国の被爆一世への対策がこれほど不足していたので、被爆二世に対する支援や援護はまったくおこなわれなかった。被爆二世とは、両親またはどちらかが被爆者であるか、両親またはどちらかが被爆した二世の間で生まれた人をいう。出生時点でいうと、広島では被爆にあった両親から一九四六年六月一日以後、長崎では六月四日以後に出生した人を指す。韓国で被爆二世に該当する人々は七五〇〇～二万人あまりと推定される。

もともと被爆者は白血病、癌などの疾患だけでなく、精神的トラウマ、貧困、差別などのさまざまな苦痛を味わってきた。とくに被爆一世は子どもへの心配で眠れない日々を過ごしてきた。もしかして自分の子どもが病気になるのでは、子どもが結婚や就職で不利益を受けたらどうしよう、と。苦労しながら生活してきた人々なので、被害意識も格段なものがあった。そうして子どものうちに被爆の後遺症があらわれても、それを隠したり病因が違うといって避けてきた。そのうえ日本政府とアメリカ政府はもちろん、韓国政府も放射能と遺伝の関連性を立証できないという態度をみせてきた。

日本は世界唯一の被爆国であるので、被爆者に背を向けることはできない状況にある。しかも医療支援は歴史認識などと直接結びついた複雑な問題にくらべて、被害状況を目で確認できるうえに、人道的性格が強い問題なので共感しやすい側面もある。日本政府は一九八〇年代から被爆者の問題について韓国政府と協議して、被害者の苦痛を緩和する方向で対応してきた。韓国政府も「原爆被害者基金管理」の指針によって、彼らに病院診療費などを支給している。このように不充分ながらも、日韓両国が協議・協力して過去の負の遺産を克服しようと努力してきた事例といえる。

サハリン残留韓国人

戦後すぐの頃、サハリンには約四万三〇〇〇人の朝鮮半島出身者が在住していた。日露戦争で勝利した日本は、ポーツマス条約により北緯五〇度以南のサハリンをロシアから割譲させた。サハリンは気候と自然環境が劣悪であったが、鉱物と魚類などの資源が豊富であった。一方、開発する労働力とインフラが不足していた。

韓国人は初期には自発的にサハリンへ移住した。植民地期の朝鮮における土地調査事業や産米増殖計画などによって故国での生活根拠を喪失した人々が、生きる道を求めてはるか遠くの見慣れない土地を訪れたのである。一九三八年までその数は七六〇〇人あまりに達していた。

日本が日中戦争（一九三七・七）とアジア太平洋戦争（一九四一・一二）を起こし、戦線がアジア・太平洋地域に拡大すると、サハリンに移住する韓国人は強制動員の対象としての性格を帯びるようになった。一九三九年から朝鮮で、官の支援を受けた労務事業者が労働者を募集して連れていった。さらに戦争が拡大してより多くの労働力が必要になると、一九四一年からは官が主導して労働者を確保して送り出した。そして一九四四年九月からは、国民徴用令にもとづいて労働者を徴集して連行したのである。

強制動員された韓国人労働者の数は、約一万六〇〇〇人あまりだった。以前に移住していた人まで合わせれば解放当時に四万人以上の韓国人がサハリンに居住していたわけである。彼らは飛行場建設などの土木労働と工場労働に従事する少数者を除けば、ほとんどが炭鉱で肉体労働をした。一日一〇〜一二時間の労働に苦しめられ、食べ物や住居などは劣悪な水準であった。

二〇〇四年現在のサハリンに居住する韓国人は約三万六〇〇〇人あまりである。ロシア国籍者が三万一五〇〇人、北朝鮮国籍者が五〇〇人、無国籍者が四〇〇〇人などである。韓国国籍をもつ人はいないが、北朝鮮国籍をもつ人を除いた大多数は韓国への帰国を希望していた。実際にそこに連れていかれた人の大部分は朝鮮半島南部出身だったので、韓国人といえる。

日本政府は敗戦直後の一九四六年一二月から一九四九年七月まで、サハリンに居住していた日本人のうち三〇万人あまりを帰国させた。一九五六年一〇月、日ソ共同宣言を発表して国交回復を合意した後には、残りの日本人もすべて送還した。しかし韓国人は、カイロ宣言にもとづき日本国籍を喪失したという理由で送還対象から除外された。敗戦直後には放置されただけでなく、秘密漏洩を恐れた日本軍によって集団虐殺されるケースもあったと伝えられる。

戦後の南北分断の状況では、ソ連は北朝鮮の顔色をうかがうポーズをとって、戦争で喪失した労働力を補充するために韓国人の送還を拒んでいた。連合国最高司令部もすでに日本と中国などで一五〇万人あまりが帰還し混乱の中にあった韓国の事情を勘案して、彼らの送還に積極的ではなかった。その後、冷戦体制が深まるにつれ、サハリン残留韓国人問題は、朝鮮半島をめぐる国際関係の中で忘れ去られ、隠蔽されていったのである。

韓国政府は、日本と国交を再開した直後の一九六六年、日本政府に対して、サハリン残留韓国人は日本が連れていった人々なので帰還の一次的責任は日本にあると述べて、調査団の派遣を要請した。日本政府は、韓国人の帰還に協力するものの、日本は単純な通過地点にすぎないので韓国が全員を引き取るように釘を刺して、日ソ交渉の案件で取り上げると回答した。その後、田中角栄首相は日ソ首脳会談でサハリン残留韓国人の送還を求めた（一九七三・一〇）。これに対してソ連は北朝鮮の反応を憂慮して、韓国に帰還を申し込んだ人がいないという立場を明らかにした。実際に北朝鮮は「労働新聞」社説を通じて、サハリン残留韓国人問題は、北朝鮮に関連した事案として日本が関与する資格はないと反発した（一九七三・一〇・一二）。そうしてサハリン残留韓国人問題は解決の兆しがみえないまま歳月が流れていった。

一九八〇年代以後東西冷戦が弱まり、日本では侵略戦争と植民地支配に対する反省と謝罪の雰囲気が広がるにつれ、サハリン居住韓国人問題は次第に韓国と日本、日本とソ連、韓国とソ連の間で議論の対象になった。日本で「アジアにたいする戦後責任を考える会」が結成されて（一九八三・四）、サハリン残留韓国人問題が国連人権委員会に提起された。大韓赤十字社も民間外交レベルでこの問題に関与した。日本政府は敗戦直後に誤って対応したこともあったので、ソ連政府に対して人道的観点からサハリン残留韓国人の帰還と親族再会に関して好意的配慮を要請した。ソ連政府は韓国と日本および国連での一連の動きを反共・反ソ運動の一環と感じていた。ソ連は、この問題は北朝鮮と相談するものであって、日本と議論する話題ではないとの態度を曲げなかった。当時、韓国とソ連の間に国交がない状況を念頭に置いた態度だった。その一方で韓国への出国を希望する人がいれば、国内法にもとづいて審査した後、許可するという意向を明らかにした（一九八五・一一〜一二）。ソ連でゴルバチョフが共産党書記長になって改革・開放を主張した動きの中で変化が起きたのである。韓国国会は韓国政府とソ連政府および国際機構にサハリン残留韓国人の帰還を促す決議文を採択した（一九八七・三）。このような雰囲気の中で日韓両国の赤十字社は、ついに「在サハリン韓国人支援共同事業体」を発足させたのである（一八九九・七・一四）。

一九九〇年九月、韓国とソ連が国交を結ぶと、サハリン居住韓国人問題はより簡単に解決の糸口をみつけることになった。日本も素早く対応した。金泳三大統領との首脳会談で細川首相は、植民地支配に対する反省と謝罪を行動で示す意味で、サハリン残留韓国人の永住帰国問題について積極的に対処すると語ったのである。すでに日本政府は人道的観点で一九八八年から「在サハリン居住韓国人に関連した予算を編成していた。その後、両国の赤十字社が設立した「在サハリン韓国人支援共同事業体」を通じて、サハリン居住韓国人の韓国への一時帰国・永住帰国を支援する事業を推進したのである。一時帰国者（一九四五年八月一五日以前にサハリンに移住して居住しつづけている者、六〇歳以上は同行一名）には、往復渡航費および滞在費を支援したのである。

金泳三大統領と細川首相はその後の首脳会談でも、サハリン居住韓国人問題を議論した（一九九四・三・七）。これにともない永住帰国者のための住宅が建設された（日本が建築費三二・三億円を支給、韓国が療養院および住宅敷地を提供）。永住帰国者（六五歳以上を対象に一九四五年八月一五日以前にサハリンに移住して居住しつづけている者）には渡航費および移住費、住宅施設（仁川《インチョン》療養院および安山《アンサン》集合住宅）建設費、案内人および光熱費、福祉会館の運営費などを支援した。一九九九年三月に仁川療養院（収容能力一〇〇人、入居九六人）、二〇〇〇年二月に安山集団住宅（収容能力四八九世代、一世代は二人以下、入居九二七人）が開設された。こうして永住帰国モデル事業を通じて二〇〇一年六月までに一五一二人が永住帰国したのである。

サハリンに在住する韓国人に対する支援もおこなわれた。日韓閣僚懇談会（一九九八・一一）で、日本の支援による「サハリンに韓国人文化センター」の建設などを合意したのである。韓国に永住帰国した者に対しては、家族との再会のためのサハリン往復渡航費を支援した。二〇〇一年六〜八月、永住帰国者一一二〇人が支援を受けた。韓国と日本が半分ずつ負担して安山市に療養病院も建設したのである。

サハリン居住韓国人問題は、日本の戦後補償などの過去の歴史処理で完全に忘れ去られていた事案の中の一つであった。遅まきながら日本政府が、人道的レベルという名目でもその被害を慰め、傷を治癒するために名乗り出たことは幸いなことであった。韓国政府もマンション敷地以外にも二〇億ウォン程度を支払って日本政府と協力する姿勢を示した。日韓が共同で協力して、過去の負の遺産を処理した良い見本といえる。

しかし、日本がサハリン居住韓国人の月給の中で郵便貯金、戦時報国債権などの名目で強制積み立てした金銭を返さない問題と、一万五〇〇〇人あまりの韓国人労務者を再徴用して日本本土に連れていって再配置した問題などは、いまだ解決されていない懸案として残っている。

日本軍「慰安婦」被害者

日本軍「慰安婦」問題は、一九九〇年代に入って日韓の間で突如、懸案問題として浮上した。両国で民主主義が実現し、女性の人権意識が高まり、これまで水面下に潜在していた戦時における性暴力問題が新しく注目を浴びることになったのである。

初めに日本政府は、日本軍「慰安婦」は民間業者が連れていったとして、軍の関与を否認した。これに対して韓国と日本の女性団体が反発し、とくに日本軍「慰安婦」に連れていかれ、「性奴隷」のような生活をした金学順《キム・ハクスン》ハルモニ（おばあさん）などが勇気を出して当時の惨状を証言することによって、国際社会の関心を集めた。一九九一年一二月、ハルモニたちは、東京地方裁判所に日本政府を相手どり謝罪と賠償を求める訴訟を起こした（二〇〇四年に最高裁判所で原告敗訴）。そしてソウルの日本大使館の前で、日本政府の決断を促す水曜集会を開始したのである（一九九二・一）。韓国では韓国挺身隊問題対策協議会（略称「挺対協」）などの民間団体が、ハルモニたちを支援する運動を広げた。

韓国の金泳三政府ははじめから「慰安婦」問題が国際法上、人道に反する重大な不法行為であり、これに対する日本政府の法的責任が存在するという立場であった。金泳三政府は高まった世論を背景に、日本政府に対して適切な措置をとることを強く要求した。しかし日本政府に対して、法的責任を問うかたちで金銭的賠償を主張すると、消耗的な論争に進む可能性が大きいと判断して、賠償を要求せずに、真相究明と責任認定を促す方向にむかった（一九九三・三）。その一環で韓昇洲《ハン・スンジュ》外務長官は、強制性の明白な認定、日本軍「慰安婦」の全般的実態に対する徹底した調査、歴史の教訓とするという意志表明などを、解決の原則として日本側に提示した（一九九三・六）。合わせて韓国政府は、「日帝下日本軍慰安婦被害者の生活安定支援法」を制定して被害者に生活安定支援と賃貸住宅入居を斡旋する措置をとる方向に進んだ。

しかし、日本政府は日本軍「慰安婦」問題も日韓条約で完全に解決されたという立場を堅持した。ただし道義的な責任を痛感して真相調査とともに、お詫びおよび補償などの措置をとるという方針を明らかにした。そして一九九一年一二月から実態を調査して一九九二年七月と一九九三年八月にその結果を発表し、資料を閲覧できるようにした。「慰安婦関係調査結果発表に関する河野内閣官房長官談話」（いわゆる「河野談話」、一九九三・八・四）は、日本軍「慰安婦」の募集と移送・生活、慰安所の設営と管理などに、日本軍が関与して強制性を帯びたという事実を認めた。その要旨はつぎのとおりであった。

慰安所は、当時の軍当局の要請により設営されたものであり、慰安所の設置、管理及び慰安婦の移送については、旧日本軍が直接あるいは間接にこれに関与した。慰安婦の募集については、軍の要請を受けた業者が主としてこれに当たったが、その場合も、甘言、強圧による等、本人たちの意思に反して集められた事例が数多くあり、更に、官憲等が直接これに加担したこともあったことが明らかになった。また、慰安所における生活は、強制的な状況の下での痛ましいものであった。

なお、戦地に移送された慰安婦の出身地については、日本を別とすれば、朝鮮半島が大きな比重を占めていたが、当時の朝鮮半島は我が国の統治下にあり、その募集、移送、管理等も、甘言、強圧による等、総じて本人たちの意思に反して行われた。

いずれにしても、本件は、当時の軍の関与の下に、多数の女性の名誉と尊厳を深く傷つけた問題である。政府は、この機会に、改めて、その出身地のいかんを問わず、いわゆる従軍慰安婦として数多の苦痛を経験され、心身にわたり癒しがたい傷を負われたすべての方々に対し心からお詫びと反省の気持ちを申し上げる。また、そのような気持ちを我が国としてどのように表すかということについては、有識者のご意見なども徴しつつ、今後とも真剣に検討すべきものと考える。

われわれはこのような歴史の真実を回避することなく、むしろこれを歴史の教訓として直視していきたい。われわれは、歴史研究、歴史教育を通じて、このような問題を永く記憶にとどめ、同じ過ちを決して繰り返さないという固い決意を改めて表明する。

なお、本問題については、本邦において訴訟が提起されており、また、国際的にも関心が寄せられており、政府としても、今後とも、民間の研究を含め、十分に関心を払って参りたい。

韓国政府は日本政府が日本軍「慰安婦」の募集、移送、管理などで強制性を認めて謝罪すると共に、歴史教育などを通して記憶を伝えるとした河野談話におおむね満足するという意を表した。当時の新聞は政府当局者の発言に言及して、両国間における最大外交懸案が事実上終結し、これ以上の外交問題はなくなるだろうと報道した（一九九三・八・五）。そうして日本軍「慰安婦」問題が解決の方向へむかうような印象を与えた。

一方、一九九〇年代中盤を前後に、日本政界は再編の竜巻に包まれた。野党勢力が結集して五〇年あまり続いてきた自民党一党支配を崩したのである。その最中で社会党と自民党の連立政権が誕生した。社会党の村山富市代表が首相に選出されたのである。村山政府は河野談話を実践に移さなければならない課題を引き受けることになった。村山政府は「慰安婦」問題を解決する方案に対して、さまざまな分野の意見をとりまとめたあげく、内閣官房長官の談話を通じて「女性のためのアジア平和国民基金」（略称「アジア女性基金」）の設置と活動を提示した（一九九五・六・一四)。すなわち元日本軍「慰安婦」に対する謝罪と反省の意を入れて、日本国民への募金と政府の拠出金を集めて基金を用意して、この基金を活用して国民・政府の協力で日本軍「慰安婦」生存者に医療・福祉などの事業を施行するというものであった。「アジア女性基金」の発足に臨んで、村山首相はつぎのような挨拶をしている(一九九五・七)。村山首相以後の歴代首相も、「アジア女性基金」を受領する被害者にこれと類似の趣旨のお詫びの手紙を渡した。

いわゆる従軍慰安婦の問題もそのひとつ(アジア近隣諸国に残る傷痕のひとつ―訳者)です。この問題は、旧日本軍が関与して多くの女性の名誉と尊厳を深く傷つけたものであり、とうてい許されるものではありません。私は、従軍慰安婦として心身にわたり癒しがたい傷を負われたすべての方々に対して、深くおわびを申し上げたいと思います。

このたび発足する「女性のためのアジア平和国民基金」は、政府と国民がともに協力しながら、これらの方々に対する国民的な償いや医療、福祉の事業の支援などに取り組もうというものです。呼びかけ人の方々の趣意書にも明記されているとおり、政府としても、この基金が所期の目的を達成できるよう、責任をもって最善の努力を行ってまいります。同時に、二度とこのような問題が起こることのないよう、政府は、過去の従軍慰安婦の歴史資料も整えて、歴史の教訓としてまいります。

「アジア女性基金」は、日本の責任を否定しようとする保守勢力と、日本の責任を少しでも履行しようとする進歩勢力が最大限に妥協してつくり出した措置であった。したがって、責任の認定と回避を同時に満足させなければならない、境界線上に位置した苦肉の策だったといえる。また、村山首相のお詫びの手紙は、国会決議などをへたものではなかったが、日本軍の関与を認めて歴史の教訓とするという内容を含んでいるなど、それなりの真心を示していた。韓国の金泳三政府は、「アジア女性基金」が、日本の法的責任を回避しようとするみせかけにすぎないという一部世論を負担に感じながらも、当事者の要求事項がある程度反映されている誠意ある措置として受け入れた（一九九五・六・一五）。

「アジア女性基金」は、一九九五年七月一九日に設立し活動を開始した。基金の募金には日本政府だけでなく、一般市民、政治家、知識人、官僚などが幅広く参加した。二〇〇一年八月までに集められた募金の総額は、五億六九〇〇万円であった。これを元に二〇〇四年までに、アジアで一七〇名の被害者に償い金を支払った。韓国、フィリピン、台湾の被害者一人当たり二〇〇万円であった。各国の日本軍「慰安婦」被害者に医療・福祉の名目で支払った日本政府資金は約七億円であった。事業内容は、住宅改善、看護サービス、医療・医薬品補助などだった。

韓国人には一人当たり三〇〇万円程度であった。この「アジア女性基金」は二〇〇七年三月に解散したのである。

しかし韓国では、「アジア女性基金」で日本軍「慰安婦」問題を対応しようとした日本政府に反対する動きが激しく起きた。そうして日本軍「慰安婦」問題は、「アジア女性基金」を通じて解決されるどころか、かえってより深刻化する、複雑な状況になったのである。「挺対協」などは、日本政府が法的責任を認めないで「アジア女性基金」を通じて償い金を支給する方式に反対し、韓国の被害者がこの基金を受領しないように誘導した。韓国の国会議員一九一名は日本国による個人補償が反映されていない「アジア女性基金」の中断を促す声明を発表したのである(一九九六・六・二二)。

韓国政府は、市民団体と国会などで「アジア女性基金」に反対する世論が高まると、その主張に同調する方向に傾いていった。韓国政府は、「アジア女性基金」側が「問題の深刻性を認識できず、わが韓国政府と大多数の被害者の要求に背いて、一時金の支給などをおこなったことは非常に遺憾に思う」とする声明を発表して(一九九七・一・一二)、「政府レベルで日本側に金銭的補償を要求しないとする一九九三年金泳三大統領の発言は、被害者個人に対する日本政府の賠償責任までを赦免したものではない」と抗弁した(一九九七・一・一四)。

金大中政府も金泳三政府の方針を受け継ぎ、日本政府レベルでの賠償を要求しない代わり、被害者が納得できる真の謝罪と反省を促した（一九九八・四）。あわせて「アジア女性基金」のような方式は、被害者の総意が反映されないこともある、といって反対の意向を表明したのである。とくに金大中大統領は、日本のマスコミとのインタビューで、日本軍「慰安婦」問題は「日本政府の責任であって日本国民の責任でない」として、「アジア女性基金」が「事実の本質を変えようとするもの」だと批判した（一九九八・九・七）。

韓国では「挺対協」などの反対運動にぶつかって、今日まで「アジア女性基金」を受け取った被害者は六一人程度にとどまっていると伝えられている。それは被害者として知られる人々の数の四分の一に該当する。一方、韓国政府は「日帝下（日本統治下）日本軍慰安婦に対する生活安定支援法」（二〇〇二年一二月「日帝下（植民地期）日本軍慰安婦被害者に対する生活安定支援及び記念事業などに関する法律」に改正）を制定して、別途の予算を編成して審査をへて確認された生存被害者に、病院費と生活費などを支援した。支援対象者に認定されれば一時金四三〇〇万ウォンと毎月一〇〇万ウォンあまりが支給されて、看病人の支援と精神的・肉体的治療事業が別途提供される。そして「アジア女性基金」を受け取ったとされた被害者には政府支援が除外されて物議を醸した。その中には、密かに双方の支援を受けた被害者もいたとされる。女性家族部の統計によれば、二〇一四年五月現在、政府支援を受けている被害者は五四人である。

日本軍「慰安婦」問題は、もはや「アジア女性基金」をめぐる攻防のレベルを超えて、民族と階級、女性と人権、戦争と平和、帝国と植民などがからまった二〇世紀の悲劇として認識されるに至っている。そして問題の解決をめぐって民族と国境を越え連帯して模索する、国際的問題に飛び火している。このように広がるようになったのは、「挺対協」などの女性運動・市民運動が大きい役割を果たしたと考えられる。「挺対協」は日本政府に対し、日本軍「慰安婦」を犯罪として認定し、真相究明、国会決議をとおした謝罪、法的賠償、歴史教科書記述の改善、慰霊塔と資料館建設、責任者処罰などを要求している。すなわち国家が責任を認めて賠償することを求めているのである。また「挺対協」は、一九九二年一月から元日本軍「慰安婦」ハルモニたちと共に、毎週水曜日に駐韓日本大使館の前で日本軍「慰安婦」問題の解決を促す抗議集会を開いている。日本軍「慰安婦」問題が韓国社会の主要な争点に浮び上がると、篤志家と一般人が募金を集めて京畿道《キョンギド》広州《クァンジュ》に日本軍「慰安婦」被害者の生活共同体「ナムヌの家」を開設した。ここは元日本軍「慰安婦」ハルモニたちの生活の場であり、戦時性暴力に関する歴史教育の場でもある。日本の心ある青年たちが、ナムヌの家を訪れてボランティア活動をしている。

国際社会でも戦時性暴力を戦争犯罪として認定する傾向が強まっている。国連人権委員会は「戦時における軍事的性奴隷制問題調査報告書」を受け入れ、日本政府の法的責任の認定と補償を促した（一九九六・四）。二〇〇〇年一二月には戦時における性奴隷戦犯を裁く民間「国際女性法廷」が東京で開催された。ここでは日本の国家責任と天皇の戦争責任などを追及した。二〇〇二年七月には戦争犯罪取り締まりを目的に国際刑事裁判所がオランダのハーグに設置された。二〇〇四年五月現在、九四カ国が条約に批准している。

このような雰囲気の中で韓国と日本は、日本軍「慰安婦」問題をこれ以上は放置することができない状況に追い込まれてきた。韓国の憲法裁判所は、二〇一一年八月三〇日、韓国政府と日本政府の間に日本軍「慰安婦」問題の法的解釈をめぐって意見の相違があるにもかかわらず、日韓請求権協定に規定された手続きにより解決にむけて努力しないことは憲法違反だという判決を下した。そうして一〇年あまりの小康状態をへて、日本軍「慰安婦」問題がまた日韓外交の優先課題に浮上したのである。

李明博大統領は二〇一一年一二月一七〜一八日、京都で開かれた日韓首脳会談で直接に野田佳彦首相に話しかけ、日本軍「慰安婦」問題の解決を求めた。そして日本軍「慰安婦」問題を解決しなければ日本にとって永遠の負担になると忠告したのである。これに対して野田首相は、この問題は日韓条約で「完全かつ最終的」に解決されたという、従来の主張を繰り返して、駐韓日本大使館の前に設置された「少女像」の撤去を求めた。

「少女像」は、「挺対協」などの市民団体が水曜集会一千回を記念して二〇一一年一二月に、その時まで集会を開いてきた場所に日本大使館を凝視する方向で安置したものである。日本側は、少女像の設置が外交公館の安全と品位を傷つけることを禁止すると規定したウィーン条約違反だと主張した。しかし韓国側は、日本が日本軍「慰安婦」問題に誠意を示さなければ第二、第三の少女像が立てられると反論し、日本側はかえって反発するかたちで韓国が日本領土である竹島を領有していることに異議を提起した。そうして日韓間に、一時小康状態に入った歴史と領土をめぐる対立が再燃したのである。

歴史認識と戦後補償の処理をめぐる日韓の対立は、朴槿恵政府と安倍晋三政府になってもなかなか緩和されることはなかった。外交当局同士が、日本軍「慰安婦」問題を議論するために交渉を始めたが（二〇一四・四）、解決の糸口をみつけることが非常に難しい。安倍首相をはじめとした日本の保守陣営では、日本軍「慰安婦」を強制動員した事実はないと主張して、河野談話の核心的な内容さえも否定しそうな姿勢をみせていたからである。さらに日本政府は、二〇一四年六月末、一方的に河野談話の作成経緯を検証した報告書を国会に提出した。この報告での趣旨は河野談話が歴史的事実にもとづいてつくられた文書というよりは、韓国の意見を取りまとめてつくり出された文書、すなわち外交的・政治的妥協の産物だったというものである。表では河野談話を継承すると公言しながらも、裏では河野談話の真正性を傷付けたいとする意図があると思われる。

韓国政府は河野談話を一方的に検証した日本政府の扱いを、強く非難する外交部スポークスマン声明を発表し、駐韓日本大使を招致して厳重に抗議した。そして日本軍「慰安婦」問題に対する独自の白書を作成して公表し、国際社会と連帯して日本に対抗していくという方針を明らかにした。そうして河野談話の検証を契機に、韓国と日本の相互不信と嫌悪はよりいっそう深まり、日本軍「慰安婦」問題の解決の展望さえも遠ざかっている。今、ソウルの日本大使館の前では日本軍「慰安婦」被害者とハルモニたちを支援するNGOと市民が毎週水曜日に抗議集会を開いて、日本の公式謝罪と法的補償を要求している。韓国と日本の最高指導者が勇気とビジョンをもって解決方案を共に用意しないかぎり、この集会はいつ終わるかわからない。

II

日韓〈歴史対話〉

第4章

積み重ねられた対話

対話のフロンティアたち

歴史教科書と歴史教育を改善するための日韓の協議活動すなわち「歴史対話」は、すでに四〇年の年輪を刻んでいる。歴史対話が活発化したのは一九九〇年代以降であるが、そのはじまりは一九七〇年代にさかのぼることができる。その端緒となったのは、韓国の歴史教育研究会であった。歴史研究者と歴史教育者で構成されるこの学会は、日朝修好条規締結一〇〇周年を迎えて、日本の歴史研究者と歴史教育者を招いてソウルでシンポジウムを開いた。李元淳《イ・ウォンスン》（当時、ソウル大学校師範大学教授）と加藤章（高校教師、後に上越教育大学学長）がその中心メンバーだった。第一回シンポジウム（ソウル、一九七六・一一・六）は「民族と歴史・歴史教育」をテーマに、第二回シンポジウム（ソウル、一九七七・一一・三〇）は「歴史教育と韓日古代史」をテーマに掲げた。二つのシンポジウムでは、「民族」を歴史研究と歴史教育においていかに扱うかを中心に発表と討論をおこなった。日韓両国の歴史研究と歴史教育が自民族・自国中心に傾斜していた当時の状況を考慮すれば、正に的を射たテーマだったと考えられる。とくに日韓古代史の争点であるいわゆる「任那日本府」を話題としたことは、その後の波瀾に満ちた展開をみせる日韓の歴史対話の方向を示していたといえよう。

その後、目立った動きのなかった日韓の歴史対話は、一九八二年の日本の歴史教科書問題を機に再開される動きをみせた。韓国と日本が相互理解と交流を増進するには、歴史教育と歴史教科書の役割が重要だということをあらためて教えてくれる契機となった。つぎは日本側が舵をとることになった。加藤章を中心とした日本人研究者・教育者六～七人と、李元淳をはじめとする韓国人研究者・教育者四～五名が参加し、一九八八年一〇月から四回にわたるセミナーを開催した。ソウルと新潟県上越を行き来して開かれたこのセミナーでは、開港（開国）・近代化運動・独立運動、韓国の教科書開発政策と歴史教育課程、両国の教科書における日韓古代関係の記述、日本の歴史教育における考古美術史の問題、日韓関係史の中での元寇・倭寇と文禄・慶長の役（壬辰倭乱《イムジンウェラン》）、朝鮮通信使などのテーマが議論された。このセミナーに参加した研究者は歴史対話の目的をつぎのように述べている。

> 日本と韓国における歴史教科書の記述を学問的に分析することによって、ややもすると自国中心主義に陥りやすい歴史教育において、他国に対する偏見・蔑視を取り除き、両国の相互理解を深める。日韓の歴史研究者と歴史教育者の相互交流を通じて歴史教科書叙述の望ましい方法と内容を提示することによって、日本の歴史教科書をめぐる国際的批判について学問的解決の道を探る。ひいては両国の歴史研究者・歴史教育者に歴史教科書に対する勧告及び

共通教科書の作成に向けた試案を提示する。

このセミナーは歴史教科書に関する勧告案や共通教科書の試案をつくることはできなかったものの、歴史対話に参加した研究者・教育者相互間に厚い理解と信頼を形成することができた。これは日韓両国が今後の歴史対話を持続的に推進していく基盤になった。つまり、このメンバーの中から一九九〇年代以後、日韓の歴史対話を先導する研究者・教育者が多く輩出されたのである。それだけではなく歴史対話の目的と方向においても、このセミナーは少なからぬ影響を与えたのである。

日韓文化交流基金は一九八九年一二月八〜九日、ソウルで歴史教科書叙述の問題を議論するシンポジウムを開催した。ここでは歴史教育の理念的基礎、日本の教科書問題と植民地支配の反省、歴史教育の普遍性と個別性、日本の歴史教科書における韓国古代・中世の記述、西ドイツとポーランドの教科書改善のための協議などが議論された。この基金は本来、一九八二年の日本の歴史教科書問題を契機にして発足したものである。当時、日韓両国はこの事件によって険悪となった世論を沈静化するために、互いに対応できる基金を設け、相互理解を高めるための文化交流事業を推進することで合意した。したがって、日韓文化交流基金が歴史教育と歴史教科書をテーマに日韓の歴史対話を進めたことは設立趣旨にかなった活動といえた。

先述の歴史教育研究会は、一九七〇年代の経験を生かし、第三回シンポジウム（「二一世紀を目指す歴史教育」、ソウル、一九九一・七・二九）と第四回シンポジウム（「歴史教育と民族」、ソウル、一九九二・一二・三〜四）を開催した。ここでは自国史と世界史、歴史の個別性と普遍性、韓国と日本の相互認識などに関して発表・討論している。この研究会における歴史対話は、一貫した目的の下で推進されたものではなく、そのつど提起される懸案に対応するための国際シンポジウムというかたちであったが、その方法とテーマにおいてきわめて先進的なものであった。

歴史教育研究会に所属していた一部の研究者・教育者は、比較歴史教育研究会という小規模グループをつくり、歴史教育を国際比較の視点から検討し、日本側と二回にわたる密度の濃いシンポジウムを開催した。第一回シンポジウム（ソウル、一九九三・八・七）では、日本の新学習指導要領（一九八九年告示）をとおしてみた歴史教育の現況と展望、歴史教育で加害の真実を教えることの重要性、日本の教科書裁判の意義と教訓を扱っている。第二回シンポジウム（清州、一九九三・一二・四〜五）では、日韓の歴史教育と東アジアの近代化像、東アジア三国の近代化過程と歴史認識、東アジア近代化過程に関する授業と日韓生徒の反応などを議論している。当時、韓国と日本は相手国の歴史教育において何を悩み、何をめざしているのかほとんど知らない状況であった。そのため時宜を得たこの歴史対話は、大きな反響を呼び起こすことになった。

一九九〇年代前半において、韓国と日本の歴史対話で注目すべき成果を上げたのは韓日歴史教科書研究会（韓国）・日韓歴史教科書研究会（日本）の活動であった。韓国の李泰永《イ・テヨン》（湖南《ホナム》大学学長）と日本の藤澤法暎（金沢大学教授）が中心となり、一九九一〜九三年にかけて開催されたこの研究会のシンポジウムには、両国から五〇名あまりの歴史研究者・歴史教育者が参加した。二人はドイツの歴史と教育に関する研究者で、ヨーロッパの歴史対話、とくに西ドイツとポーランドの事例に注目していたので、すぐ意気投合することができた。

この二つの研究会は、四次にわたっての国際シンポジウムを開催し、近代日韓関係史のおもな争点と両国歴史教科書の記述について集中的に検討した。第一回シンポジウム（東京、一九九一・三・二七〜二八）は日本とドイツの歴史認識の比較、日韓の歴史教科書における近代日韓関係史を、第二回シンポジウム（ソウル、一九九一・九・二七〜二九）は日韓両国民における歴史意識の相互理解の模索、日本の歴史教科書における近代日韓関係史記述の現状と課題、近代日本での反植民地・反戦運動を取り上げた。第三回シンポジウム（東京、一九九二・三・二七〜二八）は日本の歴史教科書における植民地支配と独立運動に関する記述、関東大震災と朝鮮人虐殺、一五年戦争と皇国臣民化政策を、第四回シンポジウム（ソウル、一九九二・一〇・一〇〜一一）は植民地期末期の戦時動員と収奪、在日韓国・朝鮮人と歴史教育の課題、日本の教科書制度をめぐる諸問題、国際理解のための歴史教育と歴史教科書などを討論した。

こうした二つの研究会による歴史対話でも、歴史教科書に対する勧告案や共通教科書のモデルは用意されなかった。しかし、両国における教科書執筆に関係する歴史研究者・歴史教育者が数多く参加し、公開で日韓両国、とくに日本の歴史教科書における近代日韓関係史の記述をくわしく分析し、改善方向を提示できたことは画期的出来事であったといえる。そこで日本の歴史教科書検討の原型がつくられたともいえよう。

二つの研究会が主催したシンポジウムの全貌は、NHKがくわしく取材・放映することによって、日本国民が自らの歴史認識を振り返ることに役立ったと思われる。韓国と日本の主要新聞もシンポジウムの内容を何度も掲載した。それにより両国民は、日韓は歴史認識をめぐり深刻に対立しているが、その中でも一部の歴史研究者・歴史教育者がそれを緩和するために努力しているという事実を広く知ることになったのである。

こうして二つの研究会による歴史対話は、日韓の国民が互いの歴史認識、とくに歴史教科書における日韓関係史の記述に関心をもつことに寄与したのである。それだけではなく多数の研究者・教育者が発表と討論の場に参加したことによって、歴史対話を広げる点においても大いに役立った。

韓日歴史教科書研究会と日韓歴史教科書研究会の歴史対話は、二年半あまりの活動で幕を下ろしたが、そこに参加した研究者・教育者はそれぞれの領域で、その趣旨を活かしていった。

その後、李泰永は国際教科書研究所を設立し、何回かの国際シンポジウムを開催した。第一回シンポジウム（ソウル、一九九三・一〇・八～九）は東北アジア三国の文化史的関連性、日本帝国主義と中国東北地域、日本軍「慰安婦」の実像、戦後日本の戦争認識を、第二回シンポジウム（ソウル、一九九五・六・八～九）はグローバル化時代の歴史教育と歴史教科書、中国の歴史教育と歴史教科書、韓国の歴史教科書に反映された中国、日本の歴史教科書に対する東北アジアの要求、ドイツの民主主義的歴史教育、ポーランドのドイツ教科書研究などを扱った。第三回シンポジウム（ソウル、一九九六・一〇・二三～二四）はグローバル化と歴史教育、ドイツとポーランド歴史教科書の分析、教科書に反映された日中韓の領土問題、日本の歴史教科書紛争の新しい局面、中国の歴史教育などを議論した。

国際教科書研究所では、歴史対話の範囲を韓国と日本に限らずに中国・ドイツ・ポーランドなどに拡大し、テーマも社会学・政治学・国際法などの領域に広げていった。それをとおして国際シンポジウムとしての性格は強まったが、日韓歴史対話の性格はかえって弱まるかたちとなった。それでもこの研究所が二〇〇〇年代まで、アジア諸国の歴史教科書に関する国際学術会議を開催したことは高く評価できる。中国の「東北工程」（中国東北部の歴史研究を推進する国家的プロジェクト）などが韓国の関心事に浮び上がると、ただち中国を話題にしたことは素早い対応だったといえる。

韓国教育開発院は一九九〇年代初めから二〇〇〇年代初めまで、日韓の歴史教科書関係者を招き継続してセミナーを開催している。李讚熙《イ・チャンヒ》が中心となり、世界各国を相手にして進めたいわゆる「韓国観の是正事業」の一環であった。第一回セミナー（ソウル、一九九一・八・二七）は日本の歴史教育をめぐる状況と教科書改善の見方、古代の日韓関係、日本統治下における朝鮮の歴史教育、歴史教科書の国際比較を、第二回セミナー（ソウル、一九九四・七・一二）は日本の学校教育の現況、日韓の相互理解教育の増進対策、第三回セミナー（東京、一九九五・六・二四〜二五）は近世日本の初期国民主義、家族制度からみた韓国と日本、近代国家形成期の立憲思想の受け入れ、日本の歴史教育における韓国近現代史問題などを扱った。

韓国政府の支援を受ける研究機関である韓国教育開発院の「韓国観の是正事業」は、外国人に韓国の歴史と文化などを正確に知らせることによって、誤った知識や認識を正す役割を果たしてきた。そのために外国の歴史・地理・社会科教科書関係者と積極的にセミナーを開催したのである。日本では、外務省の外郭団体である国際教育情報センターが同様の役割を果たした。二つの機関はセミナーの全貌を公開しなかったために、一般の人の歴史認識に影響を及ぼすことはあまりなかったが、両国政府の支援を受けていたので教科書改善においては一定の影響を与えたという点で注目に値する。

筆者も、原田環（広島県立女子大学教授）と共に両国の研究者・教育者八名で日韓相互理解研究会を組織し、両国学生の相手国についての歴史知識と歴史意識の全般にわたり徹底して調査・

分析する作業を展開した（一九九〇〜九三年）。日韓両国の相互認識について関心が高まりつつある社会の雰囲気に呼応した事業だった。両国のおもな都市それぞれ三カ所で六〇〇〇人あまりの学生（地域ごとに小学校高学年から大学生までそれぞれ一〇〇人）を対象にアンケート調査を実施し、貴重な情報を数多く獲得することができた。その内容と成果は、シンポジウムとメディア報道を通じて広く一般にも紹介された。その要旨は、両国の学生が相手国をきわめて自国中心的な観点から理解し、歴史知識はおもに学校教師と教科書を通じて、歴史認識は両親や兄弟・メディア報道を通じて形成されているということであった。また韓国の学生は日本について多くの情報を知っている反面、日本の学生は韓国についてほとんど知らないという偏った理解の実態も明らかになった。このようなデータにもとづいて広島朝鮮史セミナー（市民に朝鮮半島の正確な情報を伝達しようという市民団体—訳者）は、韓国の教科書の中の日本、日本の教科書の中の韓国などを議論したのである（一九九〇〜九一）。

そのほかに君島和彦、坂井俊樹（二人とも当時、東京学芸大学教授）らも歴史教育と歴史教科書を扱う小さな会を組織して韓国の関連者らとセミナーを開催した。東京と上越市で、韓国の近代化過程と民族・歴史認識、韓国の近代化と学生の歴史意識、日本の高校生の韓国認識と授業などについて発表・討論がおこなわれた（一九九四・六・二四〜三〇）。

一九八〇年代初めから一九九〇年代中盤まで、韓国と日本のみならず東アジアの歴史対話において重要な役割を果たした団体は、比較史・比較歴史教育研究会であった。西洋史研究者である吉田悟郎（成蹊大学教授）、西川正雄（東京大学教授）ら三〇～四〇名の歴史学者と歴史教育者が一九八二年一二月に組織したこの会は、東京で三回にわたる大規模な国際シンポジウムを開催した。

第一回シンポジウム（東京、一九八四・八・二八～二九）は全体テーマに「世界史における東アジア―自国史と世界史」を掲げて、「自国史」としての日本近代史と中国・朝鮮政策、中国の歴史教育での少数民族の取り扱い、日本の歴史教科書での東アジア、中国歴史教材における日本史の取り扱い、東アジア伝統文化に関する比較史的考察、世界史における東アジア、韓国での民族と世界史意識などを扱った。

第二回シンポジウム（東京、一九八九・八・四～五）は三つのテーマに分け、第一テーマの「歴史教育の課題と歴史教科書」で中国の歴史教育改革、朝鮮の民族史教育と研究を、第二テーマの「世界史の形成と歴史教育」で韓国の西洋認識と世界史の新たな展望、中国の世界史授業を、第三テーマの「近現代の東アジア」で近代以後の東アジア史の基本問題などを議論した。

第三回シンポジウム（東京、一九九四・八・五～六）は、一部で「米合衆国史をどのように教えているのか」というテーマでベトナム社会主義共和国における米合衆国史の教育、中国の中学社会科系教育課程の中のアメリカ史、韓国の世界史教科書におけるアメリカ史の叙述とアメリカ史の教育、日本人のアメリカ観と高校世界史の教育を扱った。二部では「世界史の中の日清戦争――一九世紀末の東アジアと近代化」というテーマで中国の歴史教科書の中の甲午日中戦争(日清戦争)、台湾の植民地型近代化の再認識、韓国の近代民族国家形成の挫折と日清戦争――東学農民戦争・甲午改革と関連して、日本的国民国家の確立と日清戦争――帝国主義的世界体制の成立とその関連などを発表・討論した。

比較史・比較歴史教育研究会が主催した歴史対話には、韓国のほか北朝鮮・中国・台湾・ベトナムなどの歴史学者と歴史教育者が数多く参加した。この研究会が主催した歴史対話の趣旨、発表論文、討論内容、参加者のコメントと評価などは五冊の本に編まれて出版されている。

比較史・比較歴史教育研究会のシンポジウムがほかの歴史対話と区別できる特徴は、東アジア各国の歴史教育において自国史と世界史をどのように取り扱っているかを詳細に追究した点にある。歴史教科書の記述の誤りや偏りを検証するよりは、それを通じて形成される歴史認識を議論の対象とした。そこには研究会の学風も自ずと反映されていた。この研究会の中心メンバーはヨーロッパの歴史学界や歴史対話に注目してきた研究者・教育者であった。先述の日韓歴史教科書研究会が教育現場を重視する傾向であったこととは趣きを異にしていた。一九八二年の日本の歴史教科書問題を機にスタートした比較史・比較歴史教育研究会が継続しておこなってきた、東アジア各国の歴史教育を世界史のレベルから客観的に比較・分析する作業は、ナショナリズムに染まっていた東アジアの歴史教科書に警鐘を鳴らすための苦闘だったと評価できる。

一九七〇年代から九〇年代中盤にかけておこなわれた日韓の歴史対話は、相手国の歴史認識を追究することに重点が置かれていた。おもに韓国では保守・重鎮の歴史研究者・歴史教育者が、日本では進歩・重鎮の歴史研究者・歴史教育者が参加する傾向にあった。歴史認識の追究としても、日本の歴史教科書に反映された韓国認識を批判的に検討しその補完を模索する点に重点が置かれていた。それは日本の歴史教科書問題が、いまだ両国の懸案として残っていた状況においては仕方のない現象であった。

一九九〇年代中盤以後、韓国と日本では、従来の歴史対話を批判的見地から整理し、新しい方向を模索しようとする動きがあらわれた。若手の研究者・教育者として一九八〇年代以来、歴史対話に参加した経験をもつ韓国の李讚熙、日本の君島和彦・坂井俊樹、それに筆者などの活動があげられる。

若い研究者が中心となった韓日関係史研究会（後に韓日関係史学会に改称）は国際シンポジウムを二度開催した。第一回シンポジウム（ソウル、一九九七・三・二一）は、中世から現代にいたる日韓両国の相互認識を扱った。第二回シンポジウム（春川、一九九七・五・二八）は、共存のための二一世紀の歴史教育、日韓の教科書における相手国に関する記述などを議論したのである。

一九九七年一二月、韓国と日本の大学教授、中学・高校の教師、大学院生など四〇名あまりは、ソウルで「日韓の歴史教科書シンポジウム」を開催した。両国の歴史教科書に記述された相手国のイメージを分析するシンポジウムであった。参加者はその後、歴史対話を持続するために韓国で歴史教科書研究会（会長李存熙《イ・ジョニ》）、日本で歴史教育研究会（会長加藤章）をつくり、それぞれの事務局をソウル市立大学校と東京学芸大学に設置した。二つの大学とも自国史の専攻者が幅広く参加しており、一般大学院と教育大学院の学生も在学していたので、歴史教科書を通史的に検討して代案を模索するのに有利な条件を有していた。

二つの研究会の実務を引き受けた廉仁鎬《ヨ・ミノ》・李益柱《イ・イクチュ》・君島和彦・坂井俊樹・木村茂光、それに筆者らは、すでに日韓のさまざまなシンポジウムに参加した経験があり、歴史対話の趣旨と方法に熟知していた。とくに君島和彦、坂井俊樹は一九九六年を前後して韓国の大学で長期間の研究生活をとおして関連研究者・教育者と親交を深め信頼関係を築き、筆者ともさかんに議論してきた。三人はソウルとその近郊の歴史紀行ガイドブック『旅行ガイドにないアジアを歩く韓国―ソウル・ソウル郊外・江華島・堤岩里・天安―』（梨の木舎）を共著で刊行したり、ソウル市立大学校と東京学芸大学の学生交流を積極的に進めた。

二つの研究会は教授・教師・学生の親密な交流と協力という好条件を最大限に生かして、一九九八年から毎年二回ずつ「日韓の歴史教科書シンポジウム」を開催した。自国の歴史教科書における相手国に関する記述を徹底的に分析して改善の方法を模索したのである。その過程で歴史共通教材をつくるという目標を掲げた。

従来の日韓の歴史教科書シンポジウムは、おもに日本の歴史教科書を対象に日韓関係史の記述の欠陥を指摘してその改善策を議論してきた。それに対し二つの研究会は、両国の歴史教科書を比較・検討して改善の方向を模索した。これは双方の歴史教科書の改善に役立ったのみならず、対等の土俵で歴史対話を試みたという点でも互いの知的刺激となった。したがって、二つの研究会の出現と活動は、それまで二〇年間あまり進めてきた日韓歴史対話の成果と課題を批判的に総合・継承し、より高いレベルに発展させる契機になったと評価できる。

また、歴史教育と歴史教科書をめぐる日韓の歴史対話で見逃すことのできない存在は、生徒に直接授業で向きあう学校現場の教師同士の交流である。一九九〇年代後半には韓国と日本を行き来し、授業事例を報告して批評する会合も開催されている。

浮かび上がってきた論点

韓国と日本の歴史対話は、歴史認識の差異が大きいだけに、決して穏やかな雰囲気で進められたわけではなかった。時には緊張感の中で激しく論争しあう場面もあった。とくに両国のマスコミ関係者が密着して取材した場合がそうであった。しかし大局的にみると、時間がたつにつれ研究者相互の親交と理解も芽生え、後には友好的な雰囲気の中で歴史対話を終了させる場合が大部分であった。ここではさまざまな歴史対話において、共通に話題にのぼった主要な論点をいくつか提示することで、参加者がどのような意見をやりとりしたのかを示しておきたい。まず、歴史認識と関連して提起された大きな問題を取り上げればつぎのとおりである。

一つ目は、日本の皇国史観あるいは「植民史観」（植民地支配を正当化するための歴史観―訳者）に影響を受けた朝鮮史に対する理解が、果たしてすべて払拭されたのかをめぐる議論である。一九九〇年代における日本の歴史教科書では、このような内容の記述はほぼなくなったとみられる。ところが、歴史教科書の記述における全体的な文脈には、いまだにアジア太平洋戦争以前の歴史認識が残っているという主張が韓国側から提起された。日本側の参加者はこれに対して完全に同意したわけではないが、教科書によっては相変らず差別と蔑視のまなざしが存在していること認めたのである。

歴史教科書の体系と内容は、従来のものを踏襲する傾向が根強い。近代以降、東アジア三国の歴史教科書では、用語と事実の取り扱いにおいて多く変貌を遂げてきたが、時代に沿った通史を構成したり、時代ごとに政治・経済・社会・文化を配置したりする方法は依然として続いている。そのような伝統にこだわっていれば、アジア太平洋戦争以前に日本で形成された歴史認識が、戦後にも歴史教科書の中にひそかに反映される可能性が高いといえる。これからは日本の歴史教科書のどの部分がそれに該当するのかを、もう少し緻密に分析し話題にしていくことが望ましいであろう。

二つ目は、歴史教育においてナショナリズムをどのように扱うのかをめぐる議論であった。日本の植民地支配から解放されたものの、いまだに領土と民族の分断が続いている韓国の歴史教育では、民族と国家を強調するほかないのである。一方、強烈な国家主義から脱して民主主義建設を課題としてきた戦後日本の歴史教育では、民族や国家という用語を意識的に避ける傾向があった。中国が多民族統一国家論を全面的に掲げ、歴史教育において中華ナショナリズムと愛国主義を強調してきたこととは相反する歴史教育だった。

しかし、今日のようなグローバル化が急速に進む状況においては、民族と国家を一方的に強調することや、逆に傍観することは果たして望ましいだろうか。かえって歴史教科書または歴史教育において、民族と国家を適切な観点で公平に扱うことによって、歴史的実態として日中韓の独自性と個別性を維持できるのではないだろうか。実際に日本では、二〇〇六年に第一次安倍晋三政権が成立するや否や、六〇年間維持してきた教育基本法を改正し、愛国心を学校教育のおもな目標として掲げた。これにともない、小・中・高校の学習指導要領がそのような方向で改訂され、歴史教科書でも自国史を擁護する記述が増え、韓国、中国と歴史認識の対立が再燃することになった。その点はさきのふれたとおりである。したがって、歴史教育において、国家と民族をどの程度バランス感覚をもって扱うかが今後の対話の焦点になるであろう。

三つ目は、自国史をいかに相対化して把握するかという問題である。すなわち世界史の中での自国史と世界史の中での日韓関係史を客観的に理解することが、実態を正確にとらえるために重要である。また日韓の歴史認識の対立を克服するためにも効果がある。いかにすればそのような歴史教科書や歴史認識をつくっていくことができるだろうか。自国史を相対化する歴史認識が定着すれば、自国中心に相手を理解する偏狭な歴史認識を払拭できると、筆者は考えている。またそれが払拭できることで、自国史と世界史を統一的にとらえる歴史像を提示できる道につながるであろう。

しかし、世界史と韓国・日本の歴史を直接結びつけてとらえるには無理があるので、まずは韓国・中国・日本で構成される東アジア史を媒介として自国史と世界史を結びつけたらどうだろうか。すなわち、歴史教育において東アジアの連鎖と特性を強調することを提案したい。ちょうど東アジア三国は伝統的に小学校から大学にいたるまで、古代から現代までの自国史と世界史を繰り返し教えている。そうした歴史授業を生徒の歴史意識の発達段階にあわせて自国史、東アジア史、世界史に分けて実施する方法が考えられる。韓国が二〇一一年度から高等学校において「東アジア史」を選択科目に設けたことを考慮すれば、このような議論は一定の成果をあげていると評価できる。中国と日本もこのような方向に展開すれば、日中韓が共有できる歴史認識の幅は広くなるであろう。

四つ目は、相互理解を高めるための歴史教育の方法とは何かである。また歴史認識の共有が、果たして可能であり、それが望ましいものなのか。従来の歴史対話では、韓国と日本の歴史認識の間に非常に大きな差が存在するので、歴史認識の共有は議論できる段階ではないということで意見がまとまっていた。そのため共同で使用できる共通歴史教科書をつくる、ということも長らく期待できないという意見が根強かった。

それでは、歴史対話は互いに差異点を明確に理解することで満足するしかないのか。決してそうではないと筆者は考えている。同じ事実について認識の差を埋め、共感を広めていくことが歴史対話の目標ではなかろうか。この点に関しては、今後も激しい議論になるであろう。このような状況でソウル市立大学校の歴史教科書研究会と東京学芸大学の歴史教育研究会が歴史共通教材の作成を試み、歴史認識の共有を掲げたことは新鮮な衝撃だったと評価できる。

つぎに、特定の歴史テーマをいかに取り扱い、理解すべきかをめぐる議論について述べたい。今までの歴史対話がおもに近代史を扱ってきたので、その中からいくつかの議論を提示したいと思う。

一つ目に、明治維新直後に日本で台頭した征韓論に対する論争だ。韓国側の発表者は征韓論をその時代に突出した出来事ではないと考えた。それは神話時代の神功皇后―任那日本府―壬辰倭乱（文禄・慶長の役）―征韓論―大韓帝国廃滅―植民地支配につながる日本の一貫した侵略政策の発現と位置づけようとした。日本の歴史が対外膨張の欲求で綴られていたと理解するこのようなまなざしは、日韓関係史の体系を構成するうえで、あらためて検討していかなければならない観点といえる。

二つ目に、日清戦争とその後日本が起こした戦争に対する認識の問題である。日本側は日清戦争を帝国主義戦争として評価し、これを契機に日本の天皇制国家が形成されるとみている。一方、韓国側は、日清戦争は朝鮮に対する侵略戦争で、この戦争を機に侵入してきた日本軍が東学農民軍を鎮圧することによって朝鮮における近代国民国家形成の道を挫折させたとみる。また、日本側は一九三一～四五年まで日本が起こした戦争を「一五年戦争」と命名することで、軍国主義日本の膨張政策とその責任を明確に提示しようとした。それでも韓国側の発表者は、「一五年戦争論」は中国とアメリカを重視する発想であり、日本の朝鮮侵略と支配を軽く考えるものだと反論した。韓国の立場からみれば、日本が広げた戦争は一五年ではなく、日清戦争から計算しても五〇年、江華島（雲揚号）事件から計算すれば七〇年に達する。韓国はこの時期に官兵はもちろん、義兵と独立軍などが抗日闘争（独立戦争）を戦ったと主張した。このような論争は日本の近代史像を完全に新しく再構成することを要求する大きな問題提起だったといえる。

三つ目に、日韓連帯の事実をどのように評価し、また教育すべきかをめぐる議論である。日本側では、たとえごく少数であっても、日本人の中に日本の朝鮮侵略と支配に反対し、朝鮮人の立場に共感を示した人々がいたという事例をあげて、今後相互協力の関係をつくっていくための方法として教えることを提案した。韓国側は、それはきわめて例外的な事例として、正面から受け止めなかった。たとえそのような日本人が存在したとしても、彼らが朝鮮の独立を心から望んだわけではなかった。韓国側は、あいまいな日韓連帯の事実は、かえって日本の苛酷な侵略と支配の歴史について免罪符を与える結果をもたらすかもしれないという憂慮を表明している。

韓国と日本の連帯と共感を歴史教育において継承すべき重要な事例として扱うのは、今日では広く受け入れられている。歴史教科書研究会（韓国）と歴史教育研究会（日本）が共同で執筆した歴史共通教材にはそういう事例を一つの章に設けて紹介している。しかし、一九九〇年代には依然として、歴史教育の方向として議論しにくいテーマであったのである。

四つ目に、在日韓国・朝鮮人に対する理解をめぐる議論がある。日本側は日本人の韓国観・朝鮮観を規定する重要な媒介として在日韓国・朝鮮人を例にあげている。そして歴史教育において彼らの歴史と境遇についてより配慮することを提起した。日本に六〇万人あまりの韓国・

朝鮮人が暮らしている厳然たる現実を考慮した提案だった。しかしこれに関する韓国側の反応ははっきりとはしなかった。これは在日韓国・朝鮮人の問題を韓国史の中に含めようとする問題意識が希薄だったことを示す事例である。

その後、歴史教科書研究会と歴史教育研究会が共同で執筆した歴史共通教材では、在日韓国・朝鮮人の問題が二章以上に記述されたことからも確認できるように、歴史対話の波及効果が非常に大きかったことを示している。

違いの認識と信頼関係へ

歴史教育と歴史教科書を対象にした日韓の歴史対話はすべての人が納得できるほど共通の結論を引き出すことはできなかったが、いくつかの側面で一定の成果を上げたと評価できる。そもそも成果と評価は、歴史対話に何を期待したのかによって観点が変わってくるであろう。まず日韓における初期の歴史対話で注目すべき実績を積み上げた二つの団体、日韓合同（韓日と日韓）歴史教科書研究会と比較史・比較歴史教育研究会の成果について述べておきたい。

日韓合同歴史教科書研究会は短い期間であったが、つぎのように大きな成果を上げた。

・近代日韓関係史をめぐる両国間の認識の違いを明確にする一方、その違いを近づけるための対策を真摯に模索した。
・両国の歴史教科書制度と内容に対する理解を深めて、それに対する分析の方法を体得することに役立った。
・「加害」と「被害」に対する歴史を互いに明確に認識することが、新しい日韓関係の構築に何よりも必要な課題であることを一般の人たちに知らせる点で寄与した。
・両国の歴史学者・歴史教育者間の理解を深めることで、その後の共同研究に継続する人脈を構築できた。

スタート当時、日韓合同歴史教科書研究会が掲げた基本趣旨は、日本の朝鮮侵略・支配の事実を後世代に正確に伝えることによって、日韓の間に存在する歴史認識の違いを少しでも埋めるということだった。そうして議論の対象も一八七五年の江華島（雲揚号）事件から第二次世界大戦の終結に至る日韓関係史に限定したものであった。その中でも日朝修好条規の締結をめぐる問題、壬午軍乱から日清戦争までの日韓関係、日露戦争から「韓国併合」までの日韓関係、武断統治と三・一運動、いわゆる「文化統治」の問題、関東大震災と朝鮮人虐殺、戦時収奪と民族抹殺政策、朝鮮人の民族解放運動と建国運動、朝鮮人強制連行と日本軍「慰安婦」問題などが、日本の歴史教科書にどのように記述されているのかを批判的に検討し、代案を提示するということだった。この点を考慮すれば日韓合同歴史教科書研究会の活動目標は、相当な部分において達成できたといえる。

一方、日韓合同歴史教科書研究会は活動中にドイツとポーランドの経験を参照し、「教科書改善のための共同勧告案」を作成しようとした。しかし、歴史対話が進むにつれ参加者の意見に違いが発生し、そのうえ、共同勧告案の実現性と効果について疑問が提起されて前進しなかった。このような挫折からもうかがわれるように、日韓合同歴史教科書研究会は多くの成果をあげた一方、今後成し遂げなければならない課題も残したといえる。

つぎに、比較史・比較歴史教育研究会の活動成果についてみていこう。同研究会は、一〇年間の歴史対話を通じてつぎのような考えに至ったという。

- 教科書の文言にこだわり歴史認識を矮小化させてはいけない。歴史認識を議論するには教科書以外に考慮しなければならない事項が非常に多い。
- 国民または民族により異なる歴史解釈を正面から取り上げ討論することにより、互いの歴史認識を深めていかなければならない。
- アジア共同の歴史教科書を作成するなどの目標を掲げてはいけない。それぞれ異なる歴史をもつ国同士の歴史認識を共有するのは期待できないし望ましくもない。
・歴史対話はあくまでも民間レベルでおこなわなければならない。歴史教育はどの国の政治権力からも自由でなければならないからである。
・以上のような問題意識をあらわす標語がまさに「自国史と世界史」である。自国史を通じて世界史を眺め、世界史を通じて自国史をとらえる開かれた姿勢が必要である。

比較史・比較歴史教育研究会は、もともと「自国史と世界史の統一的把握」を目標に掲げてスタートした。彼らは自国中心の歴史像は絶対的なものではなく、他の民族にはそれなりの歴史像があることを重視する。この研究会が外部の支援をいっさい受けずにポケットマネーで運営して自主独立を守り、自国中心主義が強い東アジアの研究者を一堂に会した大規模な歴史教育国際シンポジウムをしばしば開催したのも、このような自国中心主義の歴史認識を克服したいという意欲があったからである。この点を考慮すれば、過去一〇年間の研究会活動は非常に大きな成果を上げたと評価できる。

比較史・比較歴史教育研究会は本来、ドイツとポーランドの歴史対話から示唆を得て、会を組織し活動を開始した。中心メンバーにドイツ近代史専攻者が数人もいて、国際シンポジウムではヨーロッパの関係者を招いて何回となくその経験を学ぶ機会をもった。このような会の実践的な活動を考慮すれば、歴史教科書に議論を限定すべきではないとか、歴史共通教材を開発する必要がないと断言したことには理解しづらい側面もあるように思う。それを日韓関係史にたとえれば、「加害」と「被害」の事実や関係認識にあまりしばられる必要はない、という見方として解釈できる余地も残しているからである。この研究会は、歴史教育の実践より歴史認識の研究により重点を置いたからではないかという問いは、今後も続けて提起されるとみられる。

日韓の歴史対話は、日韓合同歴史教科書研究会と比較史・比較歴史教育研究会のほかにもさまざまなシンポジウム、セミナーで実践された。先述した内容と重複する事項もあるが、それらが収めた成果をいくつかに分けて整理してみよう。

一つ目に、日韓両国の歴史教育の構造と歴史教科書の実態について情報を交換し、相互理解が高まった。日韓両国の歴史教育と歴史教科書は世界的視野からみれば共通点も非常に多い。しかし、細部まで検討してみれば、やはり少なくない差異が存在している。日韓の共同研究は、はじめはこの違いをみのがして自己中心的な意見を数多く表明していた。しかし対話を重ねるにつれ、相手の立場から自国の歴史教科書と歴史教育を省察できる余裕が生まれてきたのである。これは制度と思想が異なる外国人同士こそ、歴史対話が何よりも必要だということを示す実例といえる。

二つ目に、日本の歴史教科書の韓国近代史に関連した記述が大いに改善された。これは内容の量的増加と歴史的見方の質的変化という二つの側面で確認できる。一九九〇年代には教科書記述の改善のみならず、日本政府の歴史認識も韓国の歴史認識に収斂する方向で進んでいた。このように日韓の歴史対話は外面的には共通の結論を引き出すことはできなかったが、実質的に歴史教科書の記述を改善することに役立ったと評価できる。

三つ目に、日韓両国の研究者相互に理解を深め、信頼を構築できたことがある。そして会議を重ねていくにしたがって、自由な雰囲気の中でより率直な対話が可能になった。これは歴史対話を始める頃は期待しにくいことであった。その後、日韓両国の共同作業で歴史教育のための共通教材がつくられたことは、そのような理解と信頼の積み重ねがあったからこそ可能であった。かつて敵対関係にあった外国との歴史対話が成功するためには、参加者同士の信頼関係の構築がさきに結ばれなければならないという「当たり前のような真実」が立証されたわけである。

四つ目に、日韓の協議活動は報告書の刊行とマスコミ報道を通じて両国の一般の人たちにもある程度知られるようになった。その過程で、両国の歴史認識が相当異なっているという点が鮮明に浮び上がった。一方、その差を埋めることもまた重要だということも理解できるようになった。歴史対話の必要性に関する合意が形成されたのである。歴史対話が進む中で、両国の教師と学生の交流が活発になったことは好循環の良い例だといえる。

五つ目に、共同研究ないしは協議活動に対するノウハウが蓄積された。日韓両国で歴史対話に参加した経験をもつ人々が、その後、同様の対話作業をおこなうにあたって戸惑いや障壁を感じなくなった。話題や話し手の選定、経費の負担や外国人関係者の招へい、会議の進行やその後のまとめなどについて数多くの経験を積んで、そのノウハウを身につけたからである。彼らはその後の日韓両国で歴史対話を継続していく際には、とても重要な人的資源になったのである。

残された課題

歴史教育と歴史教科書の改善のための日韓の歴史対話は数多くの成果を上げたが、今後克服していかなければならない課題も山積している。それに対するいくつかの意見を述べておきたい。

一つ目に、日韓両国における歴史研究の成果が相手にどれほど正確かつ豊富に伝えられるかの問題である。これまでの歴史対話を振り返ると、相手国の研究成果が十分に知られず、誤解を招いたことがあった。この点は、歴史対話に参加する者の能力（相手国の研究成果の情報収集力や資料解釈能力など）に左右されるだろうが、事前に緻密な準備などをとおしてある程度補完できると考えられる。日本の場合は、歴史対話に備えて、毎回、日本側内部で事前セミナーを開いて情報を共有していた。

二つ目に、「他の民族には他の歴史像がある」という命題を、「歴史教育の国際化」の元でどの程度まで容認できるのかを深刻に再検討しなければならない。たとえば、今、日本では自国中心的（日本的ナショナリズム）歴史意識が高まっている。その主唱者は日清戦争以来の日本が起こした戦争を「自衛戦争」「アジア解放戦争」などと言って美化している。このような発言は、困難の中で成し遂げてきた日韓の歴史対話の成果を、一日で水泡に帰す素地を内包している。日韓の歴史対話では、この点を考慮したうえで「自国史と世界史の統一的把握」を議論しなければならないだろう。

三つ目に、自国史の観点を乗り越えるような相手への認識が、韓国と日本の歴史教育でどれほど定着できるのかという問題である。隣同士として接している日中韓の東アジア三国は、世界的にみてナショナリズムの指向がとても強い地域である。このようなナショナリズムの雰囲気から脱却せずには、真の相互理解と連帯は成り立ちがたい。近代史の経験が極端に対極的な日韓両国は、世界史的視野から相互の関係史をどのように再構成するのかが、依然として重要な課題の一つである。

四つ目に、日韓両国はすべての歴史について統一した見解をもつことが望ましいことではないが、それでも同じ歴史の事実について、最小限の認識だけでも共有する可能性を初めから断念することは、歴史対話の目標をかえって矮小化させてしまうのではないだろうか。近い未来に日韓共通の教科書が実現するのは不可能だとしても、歴史教育ないし歴史教科書執筆に参照できるような勧告案や副教材ならば共に作成してみる必要があるのではないだろうか。もちろん両国の歴史教育ないし歴史教科書執筆に強要すべきものではないが、それでも歴史対話の効果を倍加させるためには、このような明確な目標を立て、それにむけて議論を進める必要があると思う。

五つ目に、そもそも歴史教育が遂行しなければならない機能と課題は国ごとにいささか異なるといえる。韓国の場合は民族統一と自主的発展に寄与できる歴史意識の育成が、歴史教育に求められる第一次的な課題といえる。これは植民地残滓の清算という問題と無関係ではない。つまり日本帝国主義の朝鮮侵略と支配は単純に過去の歴史にとどまらず、現代の問題と直結している現在的な問題なのである。敗戦七〇年を迎えて戦後清算を唱えている日本は、韓国の歴史教育がもつこのような事情をどれほど理解し、いかなる姿勢で協力するのか知りたいと思う。

六つ目に、教科書研究の領域を拡大しなければならない。すなわち日本の歴史教科書の分析に集中した歴史対話の幅を韓国の歴史教科書にまで拡大し、古代から現代に至るまでの全時代の記述内容を検討の対象としなければならない。これは協議活動の内容のバランスと相互平等という点からも必ず実現しなければならないと思う。一九九七年からの歴史教科書研究会と歴史教育研究会の歴史対話が良い手本になるだろう。

七つ目に、歴史対話に参加する人は明確な問題意識と誠実さを堅持しなければならない。日本側は韓国側との歴史対話の前後に、内部での準備会と反省会を必ずもった。また、その場で歴史対話に必要な経費を調達し、賛同人の寄付を引き出したりしている。それに対し韓国側は、事前準備と反省会をほとんどもたなかった。そこで韓国側は、対話で準備不足を露出する時もしばしばあった。この点は今後十分に改善されていかなければならない。

八つ目に、歴史対話の多様な展開は認めつつも、それぞれの歴史対話で得られた成果は共有する必要がある。そのことによって歴史対話はより進展していくと考えるからである。これまでの歴史対話では、重複するテーマを掲げて、同じような興味の湧かない議論を繰り返した場合もなくはなかった。歴史対話の歴史を整理した資料が早い段階に出ていたら、むだな努力の相当部分が削減できたと考えられる。

第5章

民間による対話の進展

歴史対立再燃の中から

二〇〇〇年代に入って日韓両国をめぐる国内外の情勢は大きく変わってきている。二〇〇二年のサッカーワールドカップの日韓共同開催、北朝鮮と日本の平壌宣言と国交交渉の再開、北朝鮮による日本人拉致問題と核兵器開発疑惑およびミサイル発射、イラク戦争と日韓の国連平和維持軍への派兵、韓国と日本の政権交替、日本の有事関連法案の採決、韓国・日本・アメリカの相次ぐ首脳会談などがつぎつぎと展開した。

一連の出来事は、日韓の相互理解と歴史認識に直接、間接に影響を与えた。そうした中で日韓両国は基本的に、一九九八年一〇月に金大中大統領と小渕首相の首脳会談で発表した「二一世紀に向けた新たな日韓パートナーシップ」（「日韓パートナーシップ宣言」）の歴史認識を堅持してきた。この宣言の骨子は、日本が韓国に対する植民地支配を謝罪し、韓国が日本のそのような態度を真摯に受け止めるということだった。両国政府が公式文書において歴史認識のこのような共調を表明したことは、一九六五年の国交正常化以降初めてのことであった。韓国と日本がここまで合意できたのは、二〇年間おこなわれてきた歴史対話も一定の影響を及ぼしたと考えられる。

ところが、日の当たる場所があれば陰があり、上りの後は下りがあるように、日韓は歴史認識をめぐり、再び衝突する事態が起こり、広がっていった。日本の自民党と学界・文化界・マスコミ・財界などの保守右派勢力は、日本政府の侵略戦争と植民地支配に対する謝罪と反省、学界・教育界における歴史教科書の改善に、正面から反発することになった。彼らは、とくに日本の歴史教科書が共産主義のコミンテルン史観または自虐史観に染まっていると非難した。また自国の伝統と文化を軽んじ、近代日本の偉大な成果を無視していると主張した。彼らは既存の歴史教科書を攻撃するにとどまらず、日本の歴史と文化に対する誇りと愛情を植え付けることができる新しい歴史教科書を直接執筆すると宣言した。彼らの中の一部は、国家戦略のためだと唱えて一九九五年七月「自由主義史観研究会」を発足させ、一九九六年一二月には「新しい歴史教科書をつくる会」を結成した。そして日本のナショナリズムにもとづいた歴史教科書の執筆に取り組むこととなった。

日本の歴史教科書に対する保守右派勢力の反撃は、すぐさま韓国と日本の歴史対話のみならず、政治や外交部門にも緊張関係をつくり出した。文部科学省が二〇〇一年三月に「新しい歴史教科書をつくる会」が申請した中学校用『新しい歴史教科書』を検定に合格させると、日韓関係は急速に対立の局面に入ることとなった。

韓国政府は二〇〇一年五月、日本の歴史教科書が韓国史関連の内容を歪曲したとみて、日本政府に三五項目の修正を正式に要請した。日本政府は、学問と思想の自由を保障する日本の体制上、政府が歴史教科書の記述に干渉できない、として韓国側の要求を断った。

韓国と日本政府は、日韓関係の悪化を防ぐために水面下での交渉を繰り返した。そして金大中・小泉首脳会談で、両国政府が主導する日韓歴史共同研究委員会を設けて、歴史教科書問題を歴史研究者の学問的対話で解いていくことで合意したのである。

しかし日本政府は、二〇〇五年の春『新しい歴史教科書』を再び検定に合格させ、これにより日韓の歴史認識の対立が再燃した。おりしも日本における独島（竹島）領有権の主張により韓国では反日感情が激しくなっていたので、その波紋は二〇〇一年よりさらに大きくなった。結果的に両国は、首脳外交を中断するほどの状況にまでなった。両国の首脳は一年に一回ずつ両国を行き来してシャトル外交を開催してきたが、二〇〇五年七月以降の一年あまりは会談を中止したのである。

事態がこのように急激に逆転したのには、小泉首相が毎年靖国神社を参拝し、島根県が二月二二日を「竹島の日」として宣言したことが大きな影響を及ぼしている。韓国政府は、この二つの懸案を歴史認識の問題として位置づけ、対応した。盧武鉉大統領は、三・一節記念演説（二〇〇五・三）と特別談話（二〇〇六・四）などで日本のこのような行為が誤った歴史認識に起因したものと非難し、これを正すためには外交戦争も辞さないという強い意志を明らかにした。

盧大統領は就任初期には、日本の歴史認識を外交問題にしないという意向を表明していたが、一連の過程をへて歴史認識を対日政策の最も高い優先順位に置くものとして方向を一八〇度切り替えた。

日本政府は盧大統領のこのような姿勢の変化に当惑し、意図的にその真意を測りかねるという反応をみせた。とくに日本の独島（竹島）領有権の主張を、転倒した歴史認識に起因した問題だと宣言した盧大統領の談話については、とうてい納得できないという姿勢をみせたのである。また、韓国政府の対日攻勢も、ナショナリズムに訴え、人気を挽回しようとする韓国国内向けの戦略であり、韓国政府が設置した親日反民族行為真相糾明委員会などの活動に関わっていると解釈した。

日本政府は、韓国政府の問題提起を謙虚に受け止めたり、真摯に検討しようとする意思をほとんどみせなかった。せいぜい一九九八年の日韓パートナーシップ宣言で表明した日本政府の歴史認識には変わりがないということを主張する程度であった。むしろ韓国政府の主張を正面から反論する場合さえあったのである。

日韓両国が歴史認識をめぐってこのように対決姿勢を曲げなかったことには、従来の歴史認識の対立を適切なレベルで管理・調整してきたシステムが崩れたことも原因となっていた。そもそも韓国と日本は、植民地支配について根本的に異なる認識をもっていた。その差は一九六五年の日韓条約の締結でも狭まらなかったところである。ところが、その後の韓国と日本で経済が発展し民主主義が成長するにつれ、自由・平和・人権などの価値観を共有するという仲間意識が芽生えてきた。それにともない、日本政府の歴史認識は謝罪と反省を表明する方向に旋回することとなった。その点で一九九八年の日韓パートナーシップ宣言は良い例といえる。しかし、その後も繰り返された保守右派政治家の不適切発言と『新しい歴史教科書』の検定合格などは、韓国にとって日本の歴史認識について疑いを抱かせるものとなった。

日本政府は歴史問題を外交懸案から分離しようとする姿勢をとった。そして戦後六〇年をむかえて歴史のくびきをはずして国際社会で闊歩したい意思を表明した。そのためには日本の歴史と文化に誇りを覚える歴史認識を育成する必要があったのであろう。それにともない、政治家はナショナリズムを煽る歴史認識を、だれの気がねもなく表明し、マスコミは韓国が歴史問題を引きあいに日本を苦境に追い詰めていると批判を展開した。日本で、韓国に対する反感、いわゆる嫌韓論と厭韓論が次第に広まっていった。小泉首相はこのような世論を利用して自身の政治色を明確にあらわし、戦没者への尊崇の歴史認識を表明するために靖国神社をかたくなに参拝したのである。

韓国政府は二〇〇五年の『新しい歴史教科書』検定合格に際しては、日本政府に対して修正を求めなかった。以前の経験を通じて実効性がないことを悟っていたからである。その代わり、民間の活動を支援して歴史教科書問題を克服しようとする、いわば迂回する方法をとったのである。民間人の活動とは、広い意味での多様な歴史対話である。ちょうど二〇〇一年から歴史関連の研究者・教育者・市民団体などが互いに連帯して日本の右傾化する歴史認識を批判し、『新しい歴史教科書』の採択を阻止する運動を展開してきた。このような運動は、歴史対話の内容と方法において、以前にはなかった新しい様相をみせることになる。一方、韓国と日本政府は、硬直した政治・外交関係を打開する突破口として、二〇〇五年に任期が終了した日韓歴史共同研究委員会を再開する方向で意見を調整したのである。

市民と世界への広がり

日本で『新しい歴史教科書』が登場し、それによって日韓の歴史対立が激しくなると、逆説的に韓国と日本の歴史対話が活気を帯びる現象が芽生えた。民間レベルで、研究者と教育者のほかに市民団体が互いに力を合わせてシンポジウムを開催し、歴史認識を改善する運動を展開するようになった。参加者の範囲は韓国と日本はいうまでもなく、北朝鮮・中国・アメリカ・ドイツなどに広がり、議論するテーマも歴史教科書にとどまらず、歴史認識の共有と歴史和解の実現を視野に入れるものとなっていった。

それ以前までの歴史対話の参加者は、歴史研究と歴史教育に直接に従事する人々であった。しかし、二〇〇一年以後の歴史対話は、市民レベルにまで広がり、いわば百家争鳴の実践運動として熱気を帯びるようになった。そうして『新しい歴史教科書』の採択阻止運動や歴史共通教材の作成運動などが歴史対話の新たな議題として浮かび上がることになったのである。

歴史対話の参加者が広がり実践運動が活発になったことは、歴史対話の構図が量的にも質的にも急激に変化したためである。歴史研究と歴史教育の分野からみれば、従来の日韓歴史対話は韓国の保守と日本の進歩が向きあうかたちであった。しかし、二〇〇一年以後は韓国の進歩と日本の進歩が結合する様相を帯びるようになったのである。彼らは容易に意気投合して連帯活動を展開することができた。

ここ二〇年あまり進歩的・民族主義的見地から韓国の近現代史研究をけん引してきた歴史問題研究所・韓国歴史研究会などが歴史対話に参加し、日本の歴史教科書を批判するレベルを乗り越え、東アジア共同の歴史認識を模索したことも、日韓のみならず東アジアの歴史対話に新たな地平を拓いた重要な出来事だったといえる。そして進歩的陣営の研究者・教育者・労働者・文化人・市民運動家などが韓国式の反日民族主義の色彩が濃い「日本の教科書を正す運動本部」を結成して、日本のさまざま市民団体およびその構成員と連帯活動を推進したのも注目すべき出来事であった。歴史研究・歴史教育が市民運動と結合しただけでなく、民族と国家を跳び越える議論と行動が溢れ出るように広がっていったのである。

二〇〇一年の日本の『新しい歴史教科書』の検定通過を機に日韓の歴史対話は、閉ざされた机上の空論から抜け出して開かれた場での実践運動に変貌した印象を与えた。その過程で徐仲錫《ソ・ジュンソク》（歴史問題研究所所長、成均館大学校教授）、安秉祐《アン・ビュンウ》（韓国歴史研究会会長、韓神大学校教授）、梁美康《ヤン・ミガン》（アジア平和と歴史教育連帯代表）、李信澈《イ・シンチョル》（歴史問題研究所研究員、成均館大学校研究教授）、辛珠柏《シン・ジュベク》（歴史問題研究所研究員、延世大学校HK教授）、河棕文《ハ・ジョンムン》（韓神大学校教授）らが歴史対話の舞台に登場した。彼らは科学と実践を指向する歴史研究と歴史教育を標榜したことから国民から注目され、日本の歴史教科書問題にも深い関心をもって積極的に対応することになった。そうして歴史対話の陣営と方法などで従来とは異なる変化が起きたのである。

二〇〇一年以後、現在までおこなわれた日韓歴史対話は、非常に頻繁かつ多様であったために、そのすべてを紹介することは難しい。ここでは筆者が直接・間接的に関わったものと、筆者が情報をもっていた歴史対話を、参加者の国籍により分類し、発表内容と討論の要点を指摘しておこう。

韓国単独型

韓国で韓国人の歴史研究者と歴史教育者、または市民団体によって構成された学術会議である。韓国人同士の歴史対話といえる。

「日本の教科書を正す運動本部」と歴史問題研究所は、二〇〇二年四月一三日、ソウルで「和解と反省のための東アジア歴史認識―韓・中・日の教科書と歴史認識の比較を中心に―」というシンポジウムを開催している。主催側が明らかにしたシンポジウムの趣旨はつぎのとおりである。

二一世紀における東アジアを平和・人権・民主主義という普遍的価値が実現される祝福の土に耕すためには、日本のみならず東アジア各国が自国の歴史教科書に含まれている歪曲された歴史認識を批判し正すために努力しなければならない。また国家・民族間の相互理解を増進させ、対立を治めるためには、隣国の歴史と歴史認識を深く理解し国家・民族の枠を乗り越える東アジア共同の歴史認識を樹立するために協力しなければならない。

このシンポジウムでは、おもに日韓の歴史教科書における現代史の記述の比較、東アジア近現代史にあらわれた戦争と平和に対する記憶の違い、中国の愛国主義と歴史教育、教科書問題と天皇・天皇制、日本の教科書の歴史歪曲と二一世紀アジアの平和などが議論された。

「日本の教科書を正す運動本部」、歴史問題研究所、全国歴史教師の会、韓国歴史研究会は二〇〇二年一一月九日、ソウルで「二一世紀韓国史教科書と歴史教育の方向」というシンポジウムを開催した。韓国史研究者と歴史教育者が多数参加したこのシンポジウムでは、韓国の中・高等学校における韓国史の教育、とくに韓国史教科書の体裁と内容について辛辣な批判が展開された。国史教科書国定制の問題点とその代案、国定国史教科書の歴史認識と歴史叙述、検定韓国近現代史教科書の歴史認識と歴史叙述、韓国史教科書におけるジェンダー・労働・対外関係の記述などについて議論がなされたのである。このシンポジウムの趣旨は、「日本教科書の歴史歪曲事件」を他山の石として、韓国歴史教科書の現状を点検し、その改善の方向を提示しようというものであった。

歴史教育研究会は二〇〇二年一〇月一〇日、ソウルで「中国の歴史教科書における韓国史の認識」というテーマを掲げ発表と討論会を開催している。中国史研究者が中心となったこのシンポジウムでは、近年急速に変化しつつある中国の中・高等学校の歴史教育課程と歴史教科書を分析し、そこに反映された韓国史の時代別様相を、中国史・世界史と関連させながら検討した。従来、外国の歴史教科書に対する議論が、日本の歴史教科書における韓国史の記述だけに偏ってきたことを反省し、その範囲を中国の歴史教科書に拡大しようとする意図のもとに準備された歴史対話であった。

韓国西洋史学会は二〇〇二年一二月一三日、「記憶したい過去、忘れたい過去―アメリカ、イギリス、フランス、ドイツ、ロシアにおける歴史教科書の事例分析―」というテーマを掲げてシンポジウムを開催している。アメリカの中学校歴史教科書とベトナム戦争、イギリスの中学校歴史教科書とアイルランド問題、フランスの中学校歴史教科書とアルジェリア戦争、ドイツの中学校歴史教科書とホロコースト、ロシアの中学校歴史教科書とソビエト時代などを発表して討論した。すべてのテーマにおいて各国で歴史論争が起こっており、その歴史対話が議論の中心となった。

発表者と討論者は、韓国の歴史教育もドイツ、ロシア、アメリカ、イギリス、フランスの歴史教科書をとおして、過去を記憶したり回避したりする方法を学ばなければならない、と助言している。日本の歴史教科書の「韓国史歪曲事件」をめぐって激昂した韓国の雰囲気を眺めていた西洋史研究者たちが意見を述べたという点で、大きな関心を引いたシンポジウムであった。日韓の歴史対話が、世界的視野に拡大して論議される必要があるという認識を促すことに寄与した。

韓国学中央研究院の韓国文化交流センターは、島根県が「竹島の日」を制定し、日本政府が独島（竹島）領有権を主張して日韓の対立が深まった二〇〇五年四月二三日、「世界に独島と東海を正しく知らせるシンポジウム」を開催している。ここでは「東海」という呼称が「日本海」よりも長く使用されてきたもので、国際標準化においても説得力があり、独島は歴史的にみても国際法からみても韓国領土である、という点が強調された。

韓国文化交流センターは、外国の地図と教科書などに表記された韓国の歴史と文化の誤りを正すことをおもな業務としている。従来、韓国教育開発院がおこなっていた韓国観の是正事業を移管・継承したのである。したがって同センターとしては、日本が「東海」を「日本海」と表記し、独島の領有権を主張することを傍観することはできなかったのである。これと類似したシンポジウムは、日韓の摩擦が発生するたびに開かれていた。とくに、この二つの問題を専門的に担当する東北アジア歴史財団が設立した（二〇〇六・九）後は、当財団でこのようなシンポジウムを随時開催するようになった。

「日本の教科書を正す運動本部」は、その名前が非常に刺激的だったので、日本の反発を招く恐れもあって、まもなく「アジア平和と歴史教育連帯」に名称を変更し、組織も拡大・改編されることになった。この団体は二〇〇六年四月二八日、ソウルで「現代中国の歴史教科書―疎外される韓国史（一九四九～二〇〇六）―」というシンポジウムを開催している。このシンポジウムでは中国の歴史教科書における制度と歴史観、中国の歴史教科書と韓国史記述、東アジアにおける近現代秩序の変動と中国の歴史認識などが取り上げられた。とくに中国の歴史教科書は問題点を論じる以前に、韓国史に関する記述それ自体が非常に少ない点を指摘した。加えて記述内容も唯物史観、愛国史観、文化史観などにより、韓国史の独自性を探すのが難しいとしている。そして、東アジア史の記述では韓国は矮小で日本は巨大だなどの問題性が指摘されている。

アジア平和と歴史教育連帯・歴史問題研究所・歴史学研究所・韓国歴史教育学会などは二〇〇六年五月二〇日、ソウルで「教科書論争、このようにしよう」という特別シンポジウムを共同開催している。ここでは、韓国の保守派民間団体「教科書フォーラム」が、今の韓国史学界の韓国近現代史研究の主流は左派的な立場にあるとして強く批判したことに対し、どのように対応するのかなどが重点的に議論された。教科書フォーラムの実体と意図、歴史教科書の叙述と歴史認識、韓国近現代史教科書の論争と歴史教育の未来などが話題となった。

韓日関係史学会は二〇〇六年七月七日、春川で「日本史概説書および辞書類における歴史歪曲の現況」というシンポジウムを開催している。古代から現代に至るまでの日韓関係史の記述を分析し、その問題点を指摘した。従来はおもに歴史教科書が検討の対象であったが、今回は概説書・辞書類に分析の範囲を広げたことは、それなりに新たな試みであった。概説書・辞書類も一般の人たちの歴史認識の形成に無視できない影響を与えているからである。

以上のように、韓国では二〇〇二年から二〇〇六年にかけて、韓国史・中国史・西洋史研究者と歴史教育者がそれぞれの立場から歴史教育と歴史教科書について活発に対話を進めてきた。それ以前の韓国では、歴史研究者と歴史教育者、または韓国史研究者と外国史研究者の間に対話があまりなされなかったことを考慮すれば注目すべき変化だといえる。日韓の歴史認識の対立の再燃がもたらした思いがけない副産物だったともいえる。これまで日韓の歴史対話の範疇に入らない動向まであえて紹介したのは、このような新しい動きが今後の日韓歴史対話に重要な影響を与えることになるのではと、注目したからである。

南北共助型

韓国と北朝鮮が「日本の歴史教科書の歪曲事件」を批判し、共同対応を模索するために用意された歴史対話である。いわば「民族同士の歴史対話」といえる。

南と北の歴史学者は二〇〇一年三月一日、平壌で「日本の韓国併合の不法性に対する南北共同の資料展示会および学術討論会」を開催している。この時、日韓条約と日朝条約の展望、一九〇四~一〇年に日本が強要した条約の不成立の理由、日本の「強制的韓国併合」の歴史的検討、日本の「韓国併合」の不法性などが発表された。一九四五年、南北に分断されて以来、南と北の歴史学者が初めて共催した歴史対話であったという点で、特記すべき出来事であった。このシンポジウムは「日本当局の歴史教科書の歪曲陰謀を糾弾する南北歴史学者の共同声明」を採択して発表した。

また韓国と北朝鮮の歴史学者は、二〇〇二年五月三日から四日まで、平壌で「日本の過去清算を要求するアジア地域討論会」を開催している。ここでは日本の歴史教科書の歪曲問題に関する基調発表と「日本の教科書の歴史歪曲の本質とその対応策の模索」という論文が発表された。さらに二〇〇二年八月一六日、ソウルで開かれた八・一五民族統一大会では、独島問題をテーマにした南北学術討論会が開かれている。

さらに韓国と北朝鮮の歴史学者は、二〇〇三年二月一七日から二五日まで、平壌で「日本の朝鮮人強制連行の不法性に関する南北共同の資料展示会および学術討論会」を開催している。この時に発表された論文のテーマは、日本の朝鮮人強制連行と集団虐殺、朝鮮民族抹殺を狙った反倫理的国家犯罪、朝日間の条約は賠償条約にならなければならない、日中戦争後の日本の朝鮮人強制連行における徴発規模の考察、日本統治末期における朝鮮人強制動員の非人道性、朝鮮人強制連行者に対する損害賠償における日本の国家的義務、日本の反倫理的朝鮮人労務動員と賃金奪取、などであった。

また、南北の歴史学者は二〇〇三年三月二日、ソウルで「平和と統一のための三・一民族大会」を開催した。この時に発表された論文のテーマは、統計からみた戦時体制下日本の収奪像、日本帝国主義の植民地支配の国際法上の不法性、日本の歴史歪曲と海外侵略の危険性、朝鮮国号の英文表記に対する歴史言語学的考察などであった。

二〇〇三年八月二一日、南北歴史学者は平壌で「国号英文表記問題の南北学術討論会」を開催している。この時に発表された論文のテーマは、西洋古文献・古地図にあらわれた韓国の国号表記、歴史に埋められた「Corea」の実体とその変遷過程、韓国の国号の英文表記を歪曲捏造した日本の策動は許しがたい国家的犯罪、などであった。この時「南と北、海外の学者らと全同胞に送る共同決議文」を発表したのである。

韓国と北朝鮮の歴史学者は二〇〇四年二月二五日、平壌で「日本の略奪文化財返還のための南北共同学術討論会および資料展示会」を開催している。この時に発表された論文のテーマは、日本に残されている高句麗遺跡の現況、日本の文化財略奪状と返還問題、日本の朝鮮文化財調査は朝鮮文化財の破壊と略奪および歴史歪曲を狙った犯罪行為、文化財略奪をとおしてみた日本の問題と道義性、などであった。この時も共同決議文が採択されている。また、上記の行事の期間中に「『日本海』表記の不当性に関する南北共同学術討論会」も開催されている。この時に発表された論文のテーマは、近年の「東海」表記の傾向と今後の国際標準化戦略、我が民族の東海認識に関する研究、日本海の表記は地名表記の国際的慣例と今日の推移に反する犯罪行為、韓国の東海の名称は歴史的事実に適した最も正当な表記、などであった。

二〇〇四年六月四日にはソウルで南北の歴史学者が参集し、「近現代抗日民族運動の歴史的経験と日本の右傾化」というテーマで南北学術会議を開催している。この時、北朝鮮側が発表した論文のテーマは、日本帝国主義の植民地統治の暴悪性と残忍性に対する歴史的考察、日本の加速化する右傾化と軍事大国化政策が朝鮮に及ぼす影響、などであった。

韓国と北朝鮮の相次ぐ歴史対話は、ついに二〇〇四年四月「南北歴史学者協議会」を構成するところまで深められた。この協議会の合意書では、南北の歴史学者は日本の不当な歴史歪曲を断罪して正すことが、民族の尊厳と自主権を守るための民族史的課題であり、私たち歴史学者が必ず解決しなければならない重大な問題だとした。また、六・一五共同宣言の精神により、私たち民族同士の力を合わせて民族の歴史を守り、民族の安全と繁栄、統一を成し遂げることにその責任を全うすることを約束している。

以上のように、二〇〇一年以後に集中的に開催された南北の歴史対話は、金大中政府が進めた南北緊張緩和政策の副産物でもあるが、その直接的な契機は日本の歴史教科書問題、『新しい歴史教科書』の検定通過、独島（竹島）領有権の主張などの発生であった。毎回の会議で南北の歴史学者は、日本の歴史記述や戦後補償の不当性を批判して、これを是正するための対策を提示してきた。また、共に力を合わせて民族の歴史を守り民族の繁栄と統一を成し遂げていくという決議を表明している。

南北共助型の歴史対話は、日本の歴史歪曲と独島（竹島）領有権の主張を契機に、体制と理念を跳び越えて南北が一つになれることを例示してくれた画期的な出来事でもあった。日本の歴史教科書問題が南北の歴史研究者に民族融和の道を提示し、歴史対話を進めるように導いたのである。歴史認識に対する日本の主張が、南北の共同戦線を形成するように急き立てたことは、容易に予想できなかったことである。

日韓双方型

韓国と日本が中心になって、両国を行き来し開催された歴史対話である。本来の「日韓当事者間の歴史対話」といえる。ここに含まれるべき歴史対話には数多くの会合があるが、歴史教科書研究会（韓国）と歴史教育研究会（日本）が、「歴史研究の動向と歴史教科書の叙述」というテーマを掲げて、二〇〇一年以前から一〇年あまり進めてきた歴史対話がその典型的な例であろう。彼らは一九九七年から二〇回あまりの会合をもち、両国の教科書における日韓関係史の記述を批判的に検討する一方、両国で共に使用できる歴史共通教材を共同で開発している。

全国歴史教師の会（韓国）と歴史教育者協議会（日本）が二〇〇一年から始めた歴史対話も特記すべきものである。小・中・高校で歴史教育に直接従事している教師が中心となった両国の二つの組織は、韓日歴史教育交流会（韓国）と日韓歴史教育交流会（日本）を設けて、歴史授業の事例を互いに発表・討論することを中心に、生徒と教師の歴史認識を深めることに重点を置いた。また、相手国の歴史遺跡を現地調査して、相互理解を促進することに寄与した。彼らも韓国と日本の生徒が共に使用できる歴史教材の共同開発を進めた。

韓国の歴史学会と日本の歴史学研究会など、両国で全国的規模の会員を率いている一〇の歴史学団体は、二〇〇一年一二月二二日、東京で「日韓共同歴史研究シンポジウム—教科書問題—」という学術会議を開催している。韓国と日本の数多くの研究者と教育者が参加したこの会議では、韓国と日本の歴史教科書、そして歴史教育交流の現状などについてさまざまな意見交換を活発におこなった。この学術会議は、韓国と日本の歴史研究者と歴史教育者が、『新しい歴史教科書』の登場とそれによって引き起こされた日韓の対立を深刻に受け止めて、学問レベルの対話を通じて歴史認識と相互理解の地平を広げようとして計画されたものであった。発表論文のテーマは、『新しい歴史教科書』の見直し、二〇〇一年教科書問題の総括と今後の課題、日韓の歴史教科書における古代史の記述、韓国歴史教科書の制度と内容、日韓歴史教育交流の現況、などであった。

参加した日韓両国の歴史学団体は、その精神を継承して二〇〇三年六月二一日、ソウルで二回目のシンポジウムを開催した。ここでは歴史教科書問題の最新動向、東アジアにおける華夷秩序と日朝関係、ドイツ・ポーランドの教科書改善協力が日韓教科書紛争の解決に及ぼした教訓、などが発表された。

韓国と日本の歴史研究者と歴史教育者の多くが加入している団体が連合して合同学術会議を開催したことは、歴史対話が両国の歴史学界全体に拡大したことを意味していた。そして、よりいっそう重要な事実は、東京での学術会議で共同合意文を採択して公表したことである。その共同合意文は以下のとおりである。

「日韓歴史関連学会合同会議　合意文」（二〇〇一年一二月二二日）

一　歴史的真実をめざし、相互理解と平和協力を促進すべき歴史教科書に適さない教科書が本年、日本で刊行されたことをわれわれは批判する。

二　不適切な教科書が日本の教育現場においてほとんど無視されるにいたったことは、日韓両国の良識ある人々の活動の結果であり、われわれはこれを高く評価し、そのような努力に今後も期待するものである。

三　最近、日韓両国政府間の合意にもとづき、歴史認識と歴史教育に関する共同作業が行われることは、歓迎すべきことである。

四　共同作業のための委員会の目的は、歴史教育を望ましい方向へと改善するために問題を提起するところにある。また、専門家、学界、民間の討論を促進して助け、歴史認識の合意を導きだして、歴史教科書の内容によい影響を与えられるようにしなければならない。

五　こうした共同作業には次の原則が守られなければならない。

第一に、一九九八年の日韓共同宣言に述べられているように、歴史的に日本が隣国に多大な苦痛と被害を与えたことに対する謙虚な認識を前提にしなければならない。

第二に、共同作業は、真に未来指向的な協力の意思に基礎を置かなければならない。

第三に、討論では、あらゆる問題を論じることのできる学問的自由が保障されなければならない。

第四に、共同委員会の活動は公開性を原則としなければならない。

第五に、共同委員会は両国の専門的な歴史研究団体および歴史教育界を代表し得る人により構成されなければならない。

六　日韓両国の歴史関連学会は、適切な原則と活動基準が守られる限りにおいて、正しい歴史認識と歴史教育の研究のために共同委員会の活動を助け、それに協力する用意がある。

七　こうした共同の目標を志向する歴史研究者たちの共同の努力は、今後も続けられなければならない。

日本側　朝鮮史研究会、日本史研究会、歴史科学協議会、歴史教育者協議会、歴史学研究会

韓国側　歴史学会、韓国史研究会、韓国歴史研究会、日本史学会、歴史教育研究会

韓国と日本を代表する歴史研究者と歴史教育者が所属している中心学会が連合して共同学術会議を開催したことで、専門家の間でも連帯と共助の枠組みが構築されたわけである。

韓国の国史編纂委員会は二〇〇二年一二月七日、ソウルで「韓・日歴史教師の歴史認識共有―二一世紀韓・日パートナーシップのための両国教師たちの歴史認識―」というシンポジウムを開催している。このシンポジウムで発表された論文のテーマはつぎのとおりである。歴史教育におけるナショナリズムと汎世界主義の問題、日韓歴史教師の交流の現状と望ましい方向、韓国高校歴史教科書における日本史の叙述、韓国史と日本の高校生、日韓両国における歴史叙述の方向、などであった。韓国政府傘下の機関が、日韓の歴史教師の対話を支援したことはそれなりの価値があったことといえる。

日韓司教交流会は一九九六年二月一六日、「日韓教科書問題懇談会」を創設して、二〇〇二年まで八回の歴史対話をもち、毎年二回にわたり日韓青少年交流を支援した。青少年の歴史観と価値観が教会の未来を左右するという問題意識の下で、歴史対話を通じて日本の歴史教科書問題と首相の靖国神社参拝などで深まった両国間における感情の溝を埋めて、健全な親交と和合の橋をかけるということだった。彼らはその後、両国の若者が共に読むことができる韓国史および日韓関係史を、韓国と日本で同時出版して普及させている。

韓国学中央研究院付設の韓国文化交流センターは、二〇〇五年三月一九日、本院大講堂で

「韓・日歴史共通認識づくり」というシンポジウムを開催している。ここには全教組（全国教職員労働組合）大邱支部と全国歴史教師の会、広島県教職員組合共同副教材開発の関係者、千葉県の韓国朝鮮関係史研究会会員などが参加して、懸案として再浮上した日本の歴史教科書問題にどのように対応するのかを議論した。発表された論文のテーマは、日本における歴史教育の課題、日韓の歴史教科書叙述および授業実践の比較―壬辰倭乱と朝鮮通信使を中心に―、日韓関係史を重視した日本史教育―前近代史を中心に―、歴史副教材の作成過程からみえてきた問題、日韓副教材編纂交流の成果と限界、歴史教育と日韓関係史の理解のための新しい方向―柳宗悦と呂運亨《ヨ・ウンヒョン》―、などであった。この歴史対話は現職の教師たちが共通教材の開発と歴史授業の経験を紹介したので、具体的かつ現場感あふれる雰囲気であった。

また韓国文化交流センターは、二〇〇五年四月五日から九日まで、東京を訪問して東京大学の市民性教育研究会と日韓教科書セミナーを開催して、教科書の誤りの是正活動をおこなっている。「日韓の歴史教科書の現在と未来―ナショナリズムの連鎖を越えて―」というテーマの下で進行されたこのシンポジウムは、日韓の歴史教科書の対立を多角的に検討し、その克服のための協力策を模索したのである。発表された論文のテーマはつぎのとおりである。モノローグの歴史からダイアローグの歴史へ―日韓の歴史教科書の現在と未来―、国際理解教育の観点からみた日韓の歴史教科書の対立―『新しい音楽』と『新しい歴史教科書』―、精神の自由と日本の民主主義─日韓知識人・市民の対話のために─、制度の内と外を越えて─東アジア歴史教科書と教育の再構成─、ナショナリズムを越えて─東北アジアの地域的協力の可能性─、などであった。

韓国文化交流センターは二〇〇六年七月二四日に、ソウルの教育課程評価院で「高校歴史教科書にあらわれた韓国と日本の相互認識」というシンポジウムを開催している。発表された論文のテーマはつぎのとおりである。古代日韓関係史と教科書の記述、日本史教科書にみえる近世朝鮮、韓国史教科書にみえる前近代日本、日本史教科書にみえる近現代韓国、韓国近現代史歴史教科書の叙述にみえる日本のイメージ、日本の中・高・大学生の韓国に対するイメージ、教育現場で感じる日本に対するイメージ、などであった。このシンポジウムでは、韓国と日本が歴史教科書の対立を解消するためには、自民族中心の歴史叙述から脱する必要があることが繰り返し主張された。

現代日本学会は二〇〇六年六月三〇日、ソウルで「独島、靖国、そして韓日関係」という討論会を開き、日韓の政治外交問題に浮上した歴史認識をどのように克服するかを議論している。大学院生と研究者の発表に分けて進められたこの日の討論会は、厳しく対立していた両国政府の主張とは違って斬新かつ柔軟な提案が数多く発表された。ナショナリズムという垣根を越えて、靖国神社問題と日韓ナショナリズムの行方、日韓歴史問題と領土問題に対するアプローチ、小泉政権下の歴史認識問題をめぐる対立と日韓関係への影響、日韓の歴史認識の対立と克服の方向、排他的経済水域中間線の運営と海洋紛争解決に対する日本の政策、独島問題と日韓関係、などが議論されたのである。

二〇〇六年九月に韓国政府の資金により設立された東北アジア歴史財団は、日韓関係のみならず韓中関係などに関する数多くの国際シンポジウムを開催してきている。その中で日韓、中韓などの東アジアの歴史認識の対立の原因を探し、その解決策を模索することをおもな使命としている。この財団の事業の中で、日韓の歴史教科書の改善に直接関連したものとしては、歴史教科書執筆者と編集者の合同会議があげられる。二〇一〇年から始まったこの合同会議は、教科書の内容構成はもちろん、制作手法までも議論している。出版社単位で歴史教科書の執筆者と編集者がチームを組んで参加するこの合同会議は、実効性の側面ではほかのどの歴史対話よりも優れていたと考えられる。

韓国日語日文学会は二〇一四年一〇月二五日、ソウルで開催した秋期国際シンポジウムに「歴史認識と和解の条件」という部会を設けている。この部会では、歴史認識の対立が尖鋭化した原因を東アジア国際環境の激変と日韓ナショナリズムの高揚に求め、それを克服するためには国連など国際機構の支援の下で研究者中心の「日韓真実と和解委員会」を構成、運用し、「一九六五年体制」を尊重し補完していかなければならないという意見などが提示された。

国際歴史学大会と関連する韓国と日本の歴史研究者が中心となって組織した日韓歴史家会議は二〇〇一年以来、毎年歴史対話をおこなっている。ソウル大学校・一橋大学に関係する歴史研究者も小さな研究会をつくって一〇年あまり交流を続けてきた。彼らは歴史教科書や歴史教育を話題にする時もあるが、おもに両国の歴史研究そのものを議論の対象にしている。研究会ではおもに自国史のみならず世界史全般を扱う場合が多いので、紹介はこの程度にとどめたい。

東北アジア型

韓国が中国と歴史対話をおこなったり、日本・北朝鮮・ロシアなどがそれに加わったりする歴史対話である。「日中韓中心の歴史対話」ともいえる。

韓国学中央研究院の韓国文化交流センターは二〇〇五年一〇月九日、中国の人民教育出版社において「日本のアジア侵略の歴史をどのように教えるか」というテーマでセミナーを開催している。発表された論文のテーマはつぎのとおりである。近代以降の中日関係史の解釈、日本の歴史歪曲・右傾化・扶桑社の歴史教科書、日本の歴史教科書問題における歴史沿革―検定『新しい歴史教科書』―、日本のアジア侵略の歴史を教科書でどのように扱うか―東北アジア協力の観点から―、中学校歴史教科書の中の抗日戦争に関する基本観点、大東亜共栄圏と日韓の歴史教科書、などである。

このセミナーでは日本の歴史記述を批判する方向に意見が集約されたが、韓国と中国が歩んできた現代史の歩みが違うため、日本に対する両国の姿勢に微妙な違いがあることも明らかになった。ただし、日中韓が歴史認識の対立を克服して平和共存の未来を拓かなければならないという点では異論がなかった。

日本の歴史教科書問題の再発を契機に、東アジアにおける歴史対話にあらわれた注目すべき現象は、日中韓の市民団体や歴史学者・歴史教育者が多数参加して大規模な国際シンポジウムを定期的に開催するようになったことである。二〇〇一年三月に韓国で結成された「日本の教科書を正す運動本部」（後に、「アジア平和と歴史教育連帯」に改称）は、中国の侵華日軍南京大屠殺遇難同胞紀念館・中国社会科学院近代史研究所抗日戦争研究編集部、日本の歴史認識と東アジア平和フォーラム実行委員会などの関連団体と連帯し、二〇〇二年三月二七日から三一日まで南京で、二〇〇三年二月二七日から三月一日まで東京で、二〇〇四年八月八日から一三日までソウルで、二〇〇六年一月六日から九日まで北京で、二〇〇六年一二月ソウルで「歴史認識と東アジア平和フォーラム」を開催している。

このような歴史対話を進めた中心メンバーは、日中韓の研究者・教師・市民運動家が対等に連帯して日本の歴史記述に対応し、東アジア共同の歴史認識をつくっていくための礎にすると表明している。また彼らは、日中韓共同副教材特別委員会を設立して、近現代史を中心とした歴史教材を共に開発したり、日韓青少年歴史体験キャンプをおこなって相手国の歴史遺跡を探訪している。このような活動の一環としてアジア平和と歴史教育連帯は、二〇〇五年六月八日から一二日まで、韓国一山《イルサン》（高陽市《コヤン》）で日中韓合同集会を開催した。ここでは日本の『新しい歴史教科書』に対する認識を共有し、不採択運動を展開することを決議している。

上記の団体を母体にして二〇〇三年九月一七日、中国上海で「日本の過去清算を要求する国際連帯協議会」が結成された。この協議会の設立趣旨は、二〇世紀日本の戦争犯罪被害者の尊厳と名誉を取り戻すこと、としている。また、世界各国の団体と個人が緊密に連帯して、日本政府の謝罪と賠償を受けとって、究極的にはアジアの平和と和解を成し遂げるという趣旨である。この協議会は二〇〇四年五月二〇〜二三日、ソウルで第二回大会を開いた。ここには韓国・北朝鮮と日本・中国・台湾・フィリピン・アメリカなどから三〇〇人あまりが参加している。

日本学術会議・歴史学研究連絡委員会歴史研究と教育専門委員会と日本歴史学協会は、二〇〇二年一〇月一二日、東京で「東アジアでの歴史教科書の編纂―その歴史と現状―」という国際シンポジウムを開催した。ここでは近年、日中韓で多くの変貌を遂げている歴史教科書の編纂制度と方法などに対する議論がおこなわれた。韓国側は独裁政権の下で国定だった韓国史教科書が民主化と共に国定を廃止して一種教科書、二種教科書に変更され、今後は自由発行制を視野に入れた複数の検定教科書に進んでいることを紹介した。日本側は高校歴史教科書の検定と記述内容の変化を、互いに関連させて検討した。また、各教科書の特徴と採択率などについても説明している。中国側は上海のような大都市と農村の教科書が発行主体、内容構成などで顕著に異なるという事情を紹介した。

韓国の国史編纂委員会は二〇〇二年一〇月二五日から三一日まで、中国のハルピンで「日本帝国主義の東北アジア侵略」に対する国際シンポジウムを後援している。ここには韓国・北朝鮮・中国・日本・ロシアなどから四〇人あまりの学者が参加した。論題は、日本帝国主義における朝鮮統治の特性、一九一〇年代日本の朝鮮同化政策、日本の植民地「調査事業」の検討と調査資料の活用対策に関する模索、などであった。

東北アジア・欧米連合型

日中韓とヨーロッパ・アメリカなどの諸国が共に参加した歴史対話である。その意味で「ユーラシアとアメリカを包括した歴史対話」ともいえる。

歴史学会（韓国）と世界史学会（アメリカ）は、二〇〇二年八月一五日から一八日まで、「歴史の中の韓国と世界」というテーマを掲げて大規模な国際シンポジウムを開催している。歴史学会創立五〇周年を記念するための国際シンポジウムとして準備されたこの大会では、韓国・アメリカ・日本などから数多くの発表者と討論者が参加することになった。歴史教育と歴史教科書に関連したセッションもいくつかが設置されて、多様な発表と討論が活発におこなわれた。

韓国教育開発院は二〇〇二年一〇月一六日、ソウルで「国家間相互理解増進のための教科書改善」というテーマを掲げて、国際学術会議を開催している。ドイツ・フランス・ポーランド・日本・韓国の教科書専門家が参加して講演・発表・討論をおこなうことで、韓国と日本などが欧米各国の経験と知恵から何らかの示唆を得るために設けられた歴史対話であった。発表された論文のテーマは、教科書をとおした対立の解消、欧米における教科書と教科書研究、一九七〇年代ドイツ—ポーランド間の教科書協議—、一九八九年以後のドイツ—ポーランドの教科書協議、ヨーロッパの歴史教育—過去と現在—、韓国の歴史教育と歴史教科書政策、日本の歴史教育と歴史教科書政策、日韓の歴史教科書紛争などだった。

韓国教育開発院の事業を継承した韓国学中央研究院（開催当時の名称は韓国精神文化研究院）の韓国文化交流センターも、二〇〇四年一〇月六日から一〇日まで、当院で韓国・中国・ドイツ・ポーランド・フランス・アメリカなどの研究者が一堂に会した大規模シンポジウムを開催している。これは国際教科書研究のメッカともいえるドイツのゲオルク・エッケルト国際教科書研究所との共同主催であった。ナショナリズムと歴史教科書、高句麗史論争、東洋・西洋の教科書における植民地歴史叙述の比較、対立と戦争を越える歴史教育、などを議論したのである。

韓国文化交流センターはこの大会を継承して二〇〇六年七月三日から六日まで、ドイツのゲオルク・エッケルト国際教科書研究所で第二回アジア・ヨーロッパ教科書セミナーを開催した。そのテーマは「統一過程が歴史および社会教育に及ぼした影響」だった。

東北アジア歴史財団もゲオルク・エッケルト国際教科書研究所で二〇〇八年、「日中韓の歴史教科書と第二次世界大戦に関する記述、東アジアでの歴史対話」と題してシンポジウムを開催している。東アジアに関心をもつドイツの研究者は、日韓の対立を歴史的関係から発生した摩擦とみているため、和解が容易でない対立関係にあると受け止める傾向が強かった。そのため日韓の対立の中でも、活発に交流がある日韓の実際と相互理解を深めるための努力が注目されることはなかった。このシンポジウムでは、韓国と日本の過去と現在に関連したテーマについての発表と質疑応答、および討論がおこなわれることによって、韓国・日本・ドイツの見方の違いと論点が明確になったといえる。そして参加者は、日韓関係・日韓問題に対する知識と最新情報を得るとともに、進むべき方向性に対し考察できるようになった。なお、ドイツ人のパネリスト・司会者がヨーロッパでの類似した事例を紹介することによって、日韓関係をより客観的に眺望でき、日韓の間で進められている交流の現状についてもあらためて認識できるようになった。

このシンポジウムが、韓国や日本でなく、ドイツで開催されたことにも大きな意義があった。

日韓が直面する課題と今後の目標を設けるにあたって、ドイツの見方を含めることで、日韓関係の現状と未来を多角的に検討できるようになったからである。ドイツは以前にもユネスコなどをとおして韓国と日本の歴史問題の克服に関心を表明していた。ドイツが日本の『新しい歴史教科書』検定通過を契機に、今回再び韓国と日本の専門家を招いて議論する場を用意したことは、並々ならぬ誠意を示したことと評価できよう。

韓国の各大学の研究所も、日韓の歴史教育と歴史教科書問題を扱う多国間の国際歴史対話をしばしば開催した。高麗大学校では二〇〇六年一一月二七日、「東アジア相互認識と歴史教育」と題したシンポジウムを開催し、ドイツのゲオルク・エッケルト国際教科書研究所の研究者を招いてドイツ・ポーランドの国境問題と教科書協議について意見を交わしている。韓国が中国・日本との歴史の壁を越えるのに示唆を得るためのシンポジウムであった。このようなかたちの歴史対話は頻繁に開かれたので、そのすべてを取り上げることはできない。

日本でも「東北アジア・欧米連合型の歴史対話」が数回開かれた。日本教職員組合は二〇〇二年一月二七日、宮崎市で「アジアとの共生・連帯を展望する歴史教育の今後―国際教科書研究から学ぶ―」という国際シンポジウムを開催している。日本をはじめ韓国・中国・ドイツから来た発表者は、日本全国から駈けつけた教師たちの前で、各国の教科書制度と内容について報告・討論している。日本の教師たちは韓国・中国・在日コリアンなどと歴史教育について交流をしてきた経験事例を紹介した。論文のテーマはつぎのとおりである。ドイツの歴史教科書検定と歴史教科書の特徴、中国の歴史教科書の概況、韓国の歴史教科書と日韓の歴史対話、日本の教科書と歴史教科書交流の現状、などである。

一方、アメリカやドイツなどでも、韓国と日本の歴史認識の対立は関心をもたれた。アメリカのアジア財団とドイツのフリードリヒ・エーベルト財団は二〇〇一年一一月一三～一四日、東京で「ヨーロッパ・アジア・アメリカの教科書・歴史・戦争体験」と題した国際シンポジウムを開催している。このシンポジウムでは五つのセッションが設けられたが、韓国・日本・中国はもちろん、アメリカ・ドイツなど欧米諸国から多くの歴史学者が参加して発表し、熱い討論をおこなっている。このシンポジウムに設置されたセッションのテーマはつぎのとおりである。

- ヨーロッパ：過去の「解毒」—歴史で憎しみを払拭する
- アメリカとアジア：錯綜する遺産—日系アメリカ人の受け入れ、広島と長崎、朝鮮戦争
- アジアの中の日本：未完の事業—国民の歴史を書く
- 歴史の和解：未来に向けて学ばなければならないこと
- 六〇年遅れた賃金支払い：日本とドイツ—相違点と類似点

ドイツ連邦政治教育センター、東西コレグ、ケルン日本文化会館、ドイツ・日本研究所は共同で、二〇〇二年九月二五日から二七日まで、ドイツ・ブリュールの東西コレグとケルン日本文化会館で、韓国・日本・ドイツによる国際シンポジウムを開催した。総合議題は「日本と韓国―共通の未来にむけての課題と展望―」であり、つぎのようなセッションが設置された。

- 日韓関係での新しい政治的・経済的枠組み：相互依存と地域主義
- 日韓の歴史をめぐる議論または過去との格闘：現状と展望
- 市民と文化のイニシアチブによる日韓関係の新しい道

韓国と日本を中心とした歴史対話のほとんどが韓国・日本・中国で開催されてきたが、この新しいタイプのシンポジウムは、ヨーロッパの歴史和解を牽引してきたドイツにおいて数多くの研究者・外交官・政策関係者などが参加する中で開かれ、非常に意味深かった。ドイツが韓国と日本の歴史対話を客観的に分析し助言しようと配慮したシンポジウムであった。歴史セッションで発表されたテーマは、日韓歴史教科書の改善のための共同研究―日本の立場から―、日韓に付きまとう歴史の影と克服のための努力、日本の歴史教科書をめぐる論争に内在する日韓関係の諸問題、などであった。

アメリカは日韓の歴史認識の対立において傍観者ではなく、むしろ当事者ともいえる。韓国と日本は、アメリカが主導したサンフランシスコ講和条約にもとづいて、日韓条約を締結して国交を正常化した。その結果、日本の戦争責任と謝罪・補償を免除・軽減した格好になった。アメリカは日本の戦後処理を寛大かつあいまいにすることで歴史認識や独島（竹島）領有権をめぐる日韓の対立をもたらした、といえる。その責任は決して軽いとはいえない。そうしてアメリカでも志のある政治家・研究者は、日韓の歴史認識の対立を憂慮して、何か仲裁の役割を果たそうとした。それがアメリカの東アジア安保戦略を円滑に遂行する点においても有益だからである。

スタンフォード大学のウォルター・ソレンスタイン・アジア太平洋研究センターは、二〇〇六年から、「引き裂かれた記憶と和解」という研究プロジェクトを進めている。シン・キウク所長の執念と熱意が際立った事業である。このプロジェクトの目的は、満洲事変（一九三一）からサンフランシスコ講和条約（一九五二）にいたる時期における東アジアの四つの地域（韓国・中国・日本・台湾）とアメリカの歴史認識を相互比較して、互いに引き裂かれた記憶を克服し、和解を成し遂げる方法を模索するところにあった。そのために五つの地域の高校歴史教科書に掲載されている該当時期の記述をすべて英語に翻訳し、各国から専門家を招いてその内容と観点を比較・討論するシンポジウムを開催したのである。忌憚のない討論が飛び交ったことはいうまでもない。おもな話題は、各国の引き裂かれた記憶とアイデンティティ政策の相互関係はどのようなものなのか、東アジア共通の歴史の記述は可能なのか、東アジア歴史和解におけるアメリカの役割は何か、などであった。

このプロジェクトでは年次的に歴史教科書だけではなく、アジア太平洋戦争に関連した各国の映画も比較検討している。また、各国のオピニオンリーダーの歴史観を聴取し、比較分析する作業も進めている。

ウォルター・ソレンスタイン・アジア太平洋研究センターは、このプロジェクトの趣旨を政策に反映させるための方法的一環として、二〇一四年五月一二日から一四日まで、「東アジアの戦時期の歴史―和解への道―」という官民共同の歴史対話を開催している。韓国・中国・日本・アメリカ・ドイツから研究者・外交官・政策関係者などを招いて、歴史和解の戦略、引き裂かれた記憶、和解への道などを話題にし、真摯で率直な意見交換をおこなった。この歴史対話はソウルに事務所を置いてある日中韓協力事務局が支援したのみならず、この機関の事務総長と副責任者（日中韓の中堅外交官）も列席している。現在の東アジアにおける悩みの種となっている日中韓の歴史認識の対立をどうしても克服したいとする期待と意思が込められた国際会議であった。

アメリカでの歴史対話は、日韓両国の仲裁者として相変らず強い力を発揮しうるアメリカを、東アジアの歴史問題の解決に引き込もうとする目的意識が強かった。したがって、参席者の中には研究者のみならず政策関係者、マスコミ関係者、外交官なども含まれていた。実際に二〇一四年五月、ハーグでアメリカのオバマ大統領が韓国の朴槿恵大統領と日本の安倍晋三首相を両側に座らせて歴史認識の対立を緩和させるために助言したことをみれば、歴史認識の衝突で行き詰ってしまった日韓の相互関係を解くのにアメリカの介入が有効な面もある。スタンフォード大学の歴史対話は、それを学問的に後押ししたものと理解できる。このことは東アジアの歴史対話が今や新しいステージへ進んだことを実感させてくれる。

歴史認識の深化と共有

以上述べてきたように、二〇〇一年の日本の歴史教科書問題の再発以後、韓国・北朝鮮・日本・中国、そして欧米諸国の歴史学者・歴史教育者・市民運動家などが参加した歴史対話が、日韓のみならず各国を舞台にて、しかも多様かつ活発に展開されてきた。そのことで参加者と討論者、傍聴者は、韓国と日本はもちろん中国やヨーロッパ、アメリカの歴史問題についても見識の地平を広げることができるようになった。また歴史対話の進行過程は、その時期のメディアを通じて報道され、その議論内容は書籍と論文として刊行されたので、各国で関心をもつ人々が議論の内容をある程度理解・把握できたと思われる。ここでは、二〇〇一年以後の歴史対話によって収められた成果を、歴史認識の深化と共有という観点に焦点を絞り整理しておきたい。

一つ目に、日本の歴史記述の性格を根本的に再検討し、これに共同で対応する体制を整えた。韓国と日本のおもな歴史研究・歴史教育関連団体が日本の歴史教科書問題を正面から扱い、共同でさまざまなシンポジウムと抗議集会を開催した。国内外にわたり連帯組織がつくられ、歴史問題と市民運動を結合させた市民団体などが出現している。韓国と日本の連帯には、中国が加わったりもした。このような組織と経験にもとづいて、歴史記述の焦点となっている『新しい歴史教科書』の採択阻止運動が展開して、歴史共通教材の共同開発を推進したのである。

韓国政府は日本の歴史教科書問題を契機に歴史研究と歴史教育に対する支援を強化することになった。そして政府が支援する機関である東北アジア歴史財団を設立して、この問題について総合的・体系的に対応できるような体制を整えた。

二つ目に、韓国の歴史教育と韓国史教科書について徹底的に批判し代案を模索した。日本の歴史教科書問題を議論すれば、自然と韓国の歴史教科書に言及せざるをえない。ちょうど二〇〇一年は、韓国で韓国近現代史教科書を検・認定で発行する制度を導入した時期であった。そして、その後一〇年以内に国定の国史教科書はすべて廃止され、検・認定の韓国史教科書を発行する制度が全面的に施行された。

この歴史教科書の編纂制度の変化に合わせて、歴史対話では、教育課程と歴史教育体系の不整合性、国定国史教育体制に対する批判と代案、国史教科書の歴史認識と歴史叙述の欠陥、検定韓国近現代史教科書の歴史認識と歴史叙述の改善方向、国史教科書叙述にあらわれた愛国主義などがおもな話題となったのである。また、危機に直面した世界史教育の正常化対策、韓国史教育と世界史教育の分離がもたらした歴史認識乖離の克服、歴史教科書制度の改編方向と叙述内容の改善対策などが議論された。

三つ目に、日中韓など東アジアの歴史認識を平和共存の方向に導いていこうと努力したことである。東アジアの平和を掲げて開かれたさまざまなシンポジウムとワークショップなどがそれに該当するだろう。

過去の記憶をめぐる論争は日本だけで起きている特殊な現象ではなく、冷戦の角逐場《かくちくば》になった東アジア共通の現象である。それを克服するためには、歴史教育と歴史教科書は自民族中心主義と自国優先主義の排他的ナショナリズムから抜け出さなければならない。そのためには東アジアで歴史認識の共有と市民連帯の活動が必要となる。歴史対話ではおもにこのような点が議論され、その一環として日中韓において共同で使用できる歴史共通教材の開発事業が進められたのである。

四つ目に、このような構想を実践に移すには、小・中・高の歴史教育者と市民団体の参加が不可欠である。韓国と日本の歴史教師たちは互いに授業事例を紹介して、実際に両国を行き来して交互に授業を実施した。また市民団体は学生交流を後押しした。このような共同事業の事例は多くないが、今後も奨励し支援しなければならない試みだと評価できよう。

五つ目に、韓国・日本・中国など東アジア三国は、ヨーロッパ・アメリカなど欧米諸国の歴史認識・歴史教科書問題の処理経験から教訓を得ようとした。アメリカ・イギリス・フランス・ドイツ・ロシア・ポーランドなどの歴史研究者・歴史教育者を招いてシンポジウムを開催したり、彼らが進めてきた相互理解を高めるための教科書改善活動を検討したりしたのである。二一世紀を癒やしと和解の時代とするためには、各国が忘れ去りたい過去を歪曲するのではなく、そこから平和共存の知恵を引き出さなければならないであろう。

歴史教科書をめぐる国際対話は、相互理解と相互協力を促進する重要な手段である。韓国と日本などの東アジアの諸地域は、ヨーロッパとアメリカなどが蓄積した経験を通じて、歴史対話をより効率的に推進していく方法を体得してきた。ところで欧米諸国と東アジアでは事情が異なり、東アジア型の歴史和解を独自に模索しなければならない。そうした点での覚悟をもてるようになったことも、これからの歴史対話を発展させていくうえで重要な資産となっている。

六つ目に、韓国と日本の歴史認識の対立を世界レベルでの問題として把握し、その解決を支援しようとする動きが主要国であらわれてきた。国際理解と地域平和を追求するドイツやアメリカの有力財団や大学の研究所が、このような協力と支援に乗り出したことは意義深いことであった。彼らはヨーロッパ、東アジア、アメリカの歴史教科書に記述された戦争体験を比較分析し、和解への道を注意深く、慎重に提案している。

七つ目に、日本の歴史教科書問題の再発を契機に、韓国の歴史教育と歴史教科書を改善しようとする動きが活発になった。とくに進歩的な研究者・教育者・市民団体が積極的に問題を提起した。従来、韓国では歴史研究者が歴史教科書を執筆することは、ある面で脇道に逸れたものとみなす雰囲気がなくはなかった。彼らの活躍によって、もはやそのような教科書執筆に対する偏見は消え去った。かえって良い歴史教科書をつくるために、優れた歴史研究者がたくさん参加しなければならないという世論が醸成されたのである。

しかし、歴史教育と歴史教科書の改善をめぐる論争が、政治闘争の一環として飛び火したことは憂慮せざるをえない。南北対立と体制競争という厳然たる現実の中で、大韓民国の歴史をどのように記述し教えるかは非常に重要な問題である。しかし、学問的・教育的枠組みを飛び越え、政府・与党・保守勢力と在野・野党・進歩勢力が政治闘争の一環として教科書の記述をめぐって鋭く対立して衝突することは望ましくないことである。これについてくわしく言及することは本書の論旨からはずれるので、ここではこれ以上の言及は省略するが、日本でも歴史教科書をめぐる与・野党、左右の論争が激しいことを勘案すれば、日本の歴史問題はさまざまな点で韓国に大きな影響を与えているとみることができる。

八つ目に、韓国と日本が共に歴史教材を開発し活用しようとする共同作業が活発になった。歴史認識の共有を試みて相互理解の地平を広げるという趣旨からである。韓国と日本では、今まで六つの種類の歴史共通教材がそれぞれの言語で出版され、一般に普及している。これは二〇〇一年以後、民間の歴史対話が成し遂げた最も大きな成果だと評価できよう。この点については つぎの節でもう少しくわしく調べたい。

歴史共通教材の共同作成へ

教材の種類と特性

◎『日韓歴史共通教材　日韓交流の歴史―先史から現代まで―』（明石書店）

歴史教科書研究会（韓国）と歴史教育研究会（日本）は、一九九七年以来、四〇人あまり（それぞれ二〇人あまり）の会員が毎年夏休みと冬休みに両国を行き来して、歴史教育と歴史教科書に関するシンポジウムまたはワークショップを開催してきた。二〇〇〇年までは両国の高校歴史教科書における日韓関係史（先史～現代）の内容を徹底的に検討し、両国における歴史研究の成果がどれほど客観的かつ公平に反映されているかを分析・討論したのである。

このような作業にもとづいて二〇〇一年からは、韓国と日本が共に使用できる歴史共通教材の執筆に取り組むことになった。教材の内容は高等学校一～二年生以上のレベルに合わせた。四〇人あまりの参加者は時代別に分かれてそれぞれ一～二つの節を執筆することになった。それを各時代分科会で丹念に輪読して、文章と用語の一つひとつを徹底的にチェックしたのである。必要な場合には、大きな修正と補完を惜しまなかった。見解の衝突が激しい部分については全体会議で意見を調整することにした。最後の段階では編集会議を構成して随時、修正作業をおこなったのである。

一〇年あまりの作業の末に、この本は二〇〇七年三月一日に日韓両国で同時出版された。この本は、どこかの時代、またはあるテーマだけを扱ったのでなく、先史から現代まで日韓関係史を網羅した通史という点で、他の共通教材よりも歴史教科書に近い体裁になっている。また、草稿は個人が執筆したが、数回の輪読をへて両国の参加者が完全に合意した内容だけを生かしたので、名実ともに共同執筆を実現したのである。少なくとも執筆に参加した日韓両国の研究者・教育者の間には歴史認識の共有が実際に成り立ったわけである。この点で、この本は他の歴史共通教材とは異なる特別な意味をもつと評価できよう。

◎『日韓共通歴史教材　朝鮮通信使―豊臣秀吉の朝鮮侵略から友好へ―』（明石書店）

韓国の全国教職員労働組合大邱支部と日本の広島県教職員組合が刊行した本である。この本は二〇〇五年四月に韓国と日本で同時出版された。彼らは二〇〇二年二月から二〇〇五年二月まで七次の「日韓歴史副教材づくりセミナー」を開催している。「豊臣秀吉の朝鮮侵略と友好親善の朝鮮通信使」をテーマに採択することによって、子どもたちが韓国と日本の深い歴史関係を学び、平和と友好をよりいっそう強固にする姿勢が育つことを願う、という趣旨を明らかにしている。

◎『向かいあう日本と韓国・朝鮮の歴史―前近代編―』〈上・下〉（青木書店）
『向かいあう日本と韓国・朝鮮の歴史―近現代編―』（大月書店）

全国歴史教師の会（韓国）と歴史教育者協議会（日本）の協同作業の成果である。彼らは二〇〇二年から韓国と日本を行き来して歴史共通教材の開発を進めた。その結果、二〇〇六年からこの本を両国で出版することができた。この歴史教材は生徒が直接使うよりは教師が教材研究のために利用するハンドブック的性格を帯びている。本の内容は前近代からの日韓関係史を中心にして、両国の文化を理解できるいくつかのテーマを集中的に扱い、韓国史と日本史のおもなテーマを選定して記述している。韓国の中の日本文化、日本の中の韓国文化なども扱っている。前近代史では関連した一八のテーマを記述している。このように、古代から現代にいたるまでの通史のかたちになっている両国の歴史教科書とは異なるテーマ中心の記述が特徴である。続けてこの会は、二〇一四年に『向かいあう日本と韓国・朝鮮の歴史―近現代編―』を刊行した。近現代編では、現在の歴史認識の対立の核心として浮上している日本の独島（竹島）領有権の主張、日本軍「慰安婦」などの問題も扱っている。両国の教師たちが加害と被害の近現代史を振り返って、和解と共存の未来を共に模索したい意気込みが反映されている。

◎『未来をひらく歴史―東アジア三国の近現代史―』（高文研）

『新しい東アジアの近現代史』〈上・下〉（日本評論社）

韓国の「歴史認識と東アジア平和フォーラム」と日本・中国のパートナーの共同活動で作成された本である。彼らは「日中韓共同歴史副教材特別委員会」を立ち上げて、二〇〇二年三月から二〇〇五年四月まで一一回の会合をもった。そして二〇〇五年五月二六日、日中韓で共に使用できる歴史副教材『未来をひらく歴史―東アジア三国の近現代史―』を刊行した。この教材が扱う主要内容は、東アジア近現代史の侵略と抵抗、協力と対立、戦争と平和の側面である。読者は中学生レベルに設定しているが、副教材という概念にしばられずに、一般の人も読めるように構成している。

この会を継承した「日中韓三国共通歴史教材委員会」は、後続の事業として二〇一二年に『新しい東アジアの近現代史』〈上・下〉を刊行した。この本は通史とテーマ史の体裁を共に採用している。上・下巻共に近現代史だけを扱うことによって、通史としての日中韓三国の歴史教育に十分に対応できないという限界をもっている。

◎『ジェンダーの視点からみる日韓近現代史』（梨の木舎）

日韓「女性」共同歴史教材編纂委員会が二〇〇五年に刊行した本である。この本は帝国日本の侵略と植民地支配、戦時動員、南北の分断と朝鮮戦争、民主化運動と女性運動などの過程で、韓国と日本の女性がどのような立場に置かれ、どのように対応してきたのかを記述している。

◎『日韓でいっしょに読みたい韓国史―未来に開かれた共通の歴史認識に向けて―』（明石書店）

この本は日韓の共同執筆でつくったものではないが、日韓司教交流会が歴史研究者に依頼し、韓国と日本で一緒に読めるように開発した本である。韓国史と日韓関係史を簡略した通史である。この本は、韓国で二〇〇四年に出版された。この本を作成した趣旨はカトリックにおける愛の精神を日韓の和解に適用するところにある。この本の著者らは韓国人と日本人が、この本を通じて韓国史と日韓関係史の概略や流れを新たに認識することによって、未来に開かれた歴史認識を共有し平和と愛を共に分かち合う近い隣人になることを期待するとしている。二〇一二年には初版本を改正・補完した韓国語版『若者に伝える開かれた韓国史―韓・日共同の歴史認識に向けて―』を出版した。日本語版は二〇一四年に出版された。

韓国の東北アジア歴史財団と日本・中国の学術支援機関などが上記の歴史共通教材の共同作

成を後援した事実も記憶しておく必要があろう。東アジア三国は歴史認識をめぐって対立を繰り返している。しかし、それを共に克服して和解と共存に進みたいという熱い期待も強い。歴史共通教材の共同作成に対するさまざまな後援がこれを証明しているのである。

教材の活用と効果

一時期、敵対的だった国家同士が、共同作業を通じて共通の歴史教材を編纂するためには、多くの勇気と努力、忍耐と誠意が必要である。韓国と日本ではすでに数種類の共通教材が出版され読まれている。もちろんこのような作業が、両国の全体に及ぼす影響は大きくないかもしれない。両国とも政府の強力な統制を受けた歴史教科書が学校教育で使用されている以上、このような歴史共通教材を学校教育で正式に使うことは現実的に困難なことである。

そうであっても共同作業で歴史共通教材を編纂し活用することは、歴史認識の対立が激しい現在の東アジア、とくに日韓の国民の相互理解を促進し、歴史認識の隙間を埋めることが可能になる良い方法の一つであることに間違いない。実際に『日韓交流の歴史—先史から現代まで—』は発刊直後、韓国で五〇〇〇部、日本で五万部売れている。『未来をひらく歴史—東アジア三国の近現代史—』は三国でそれぞれ一〇万部程度が売れたという。『日韓でいっしょに読みたい韓国史—未来に開かれた共通の歴史認識に向けて—』も、日本でかなり好評を得ている。

このような状況は、東アジア各国、とくに日韓の国民が歴史認識の相互理解について関心が高いことを示している。

朴槿恵大統領は以前、アジアパラドックス（日中韓三国の間に物資交易と人間往来などの交流協力は活発化しながらも、安全保障と歴史認識などをめぐる対立はよりいっそう深まっている現象）を克服し、平和共存を実現する方法の一つとして日中韓における共同の歴史教科書の発刊を提案した（二〇一三・一一）。このような事業を通じてでも、反目と不信の根源である歴史問題を解決したいという希望のあらわれであろう。この提案を成就させるためには、日中韓または日韓がすでに編纂した歴史共通教材を事前に十分に活用し、補完・改善する温故知新の努力と知恵を発揮しなければならないと思う。

第6章

第一期日韓歴史共同研究委員会

両政府が立ち上げた研究会

委員会スタートの経緯

韓国の政府と世論が早くから憂慮と反対の意思を強力に表明したにもかかわらず、日本の文部科学省は二〇〇一年四月三日、中学校用『新しい歴史教科書』が検定に通過したと発表した。韓国の反日世論がさらに高まったことはいうまでもない。メディア・歴史学界・地方自治体・市民運動団体が立ち上がった。

これに対し韓国外交通商部のスポークスマンは抗議声明を発表して、駐韓日本大使を呼び出し遺憾の意を伝えた。外交通商部長官が日本の政治家に積極的な対応を促し、金大中大統領まで新しく就任する小泉首相に正しい歴史認識と適切な措置を要求した。韓国政府は、崔相龍《チェ・サンヨン》駐日韓国大使を召還し、日本に対する不満をあらわにした。教育人的資源部は「日本歴史教科書歪曲対策班」を発足させ、専門家による諮問委員会を設立した。この委員会が中心となって日本の歴史教科書の内容を精密に分析して修正要求資料をつくったのである。

韓国政府は国際世論に働きかけることにも力を傾けた。イギリスで開かれた第二〇回ヨーロッパ韓国学会議に参加した人々は、発表を通じて日本の歴史教科書の歪曲について憂慮を表明した。国連人権委員会ではジュネーブ駐在大使も遺憾の意を表明している。外交通商部長官は日本・アメリカ・イギリスなどのメディアに韓国政府の基本的立場を説明した。韓国政府の多方面への対応は、四月の一カ月の間に続けておこなわれた。

日本政府の官房長官は、日本の教科書検定制度は特定の歴史観を確定するものでなく、学問的成果と適切な資料などに照らして明白な間違いなどを指摘して修正を要求するものであり、今回の教科書検定は学習指導要領と「近隣諸国条項」などの検定基準にもとづいて厳正におこなわれたという声明を出した。

文部科学省は、日本政府が村山談話の歴史認識を遵守し、外国と未来志向的な関係を発展させる歴史教育を進めるという談話を発表した。一方、韓国政府が要求した歴史教科書の修正を拒否した（二〇〇一・七・九）。その理由については、学問と思想の自由を保障する日本国憲法と検定制度上、政府が歴史教科書の歴史観に関与できない、と説明している。そして歴史問題は、日韓歴史共同研究委員会を設置して議論することが望ましいという意向を表明したのである。そして小泉純一郎新任首相も日韓関係史を直視して平和・友好・信頼関係を構築するといった。そして日韓歴史共同研究委員会を設置して共通の理解を拡大していこうと述べた。

韓国と日本の政府が互いに原則的な姿勢を固守する中で、韓国は一九八二年よりは慎重に対処しようとする動きをみせた。すなわち、日本への感情的対応を自制して問題解決を模索しようとする態度をみせた。メディアは日本の「歴史歪曲」を批判する論説を掲載したが、次第に日本を他山の石として、韓国の歴史教科書と歴史教育を省察しようとする方向に進んだ(「朝鮮日報」二〇〇一・二・二七、「文化日報」二〇〇一・四・六、「中央日報」二〇〇一・四・一七)。歴史教育の強化とともに歴史認識の多様性を認める論調が増えたのである。そして民間の共同研究を通じて、今回の「歴史紛争」を解決しようとする提案も出てきた(「新東亜」二〇〇一年七月号)。

韓国と日本が共同研究を通じて「歴史紛争」を解決しようという提案は、硬直していた局面を打開する方法として注目を浴びることになった。日本政府が、韓国政府の修正要求を聞き入れないかぎり、ほかに解決方法はなかった。こうして金大中大統領と小泉首相は二〇〇一年一〇月一五日、首脳会談で日韓関係史に関する共同研究会を設立すると同時に、両国間の歴史関連事業をもう少し効果的に実施するために官民で構成する合同支援委員会を設置することで合意した。

両国の首脳は歴史教科書問題について議論し、正確な歴史的事実と歴史認識に関する相互理解の促進が重要であり、そのために専門家で構成された協議の場をつくることに意見の一致をみたのである。あわせて両首脳は、共同研究の成果が広く知られることによって、正確な歴史的事実と歴史認識に関する相互理解が促進されて、両国の若者が隣国と未来志向的な友好協力関係を構築できるための土壌が整備されることを願う、という意思も表明した。日韓歴史共同研究委員会は、このような経緯をへて「歴史紛争」の壁を越える方法の一つとしてスタートしたのである。

委員会の運用計画

日韓首脳の合意を尊重して両国政府は、協議を重ねた末に二〇〇二年三月五日、日韓歴史共同研究推進計画を準備した。その骨子は「日韓歴史共同研究推進計画支援委員会」(韓国側の事務局は外交通商部、日本側の事務局は外務省)および「日韓歴史共同研究委員会」(韓国側の事務局は教育部、日本側の事務局は日韓文化交流基金)を設置し、古代分科・中近世分科・近現代分科を置いて、原則二年かけて(必要な場合、延長可能)日韓関係史を研究し、その成果を広く配布・周知させ、歴史教科書の編纂過程に参照できるようにするということであった。

「支援委員会」は共同研究の支援のみならず、歴史学者の交流(すでに始めていた日韓歴史家会議など)、学術研究およびさまざま交流までも支援するという意思を明らかにした。日韓新世紀交流プログラム(教員招へい事業、学者交流事業、スポーツ交流事業、韓国語・日本語相互学習支援)、日韓平和友好交流計画(日韓共同研究フォーラム、奨学金支給、図書センター事業、韓国図書の翻訳出版)などがそれである。しかし、実施段階に入ってこれらの事業は、それぞれ独自の事業として施行されることになった。

研究委員会がスタートするまでは、支援委員会が議論を主導した。支援委員会は、両国の政府関係者（局長級）と民間知識人それぞれ六人から構成された。韓国は国務総理室・教育人的資源部・外交通商部の職員が、日本は内閣官房・外務省・文部科学省の職員が当たり、民間人は歴史学界の重鎮と共同研究委員会の総幹事が参加することになった。

支援委員会の任務は、先述した事業が円滑に実施されるように支援することで、それぞれの活動内容には直接関与しないということであった。支援委員会には各事業が軌道に乗る前までは随時会議を開催するものの、軌道に乗った後は年一～二回の定期的会合をもつことで合意した。支援委員会を実質的に導いたのは両国の外交当局であった。

委員会の組織と活動

委員の委嘱と分科の設置

日韓首脳が日韓歴史共同研究機構の設置を合意して、外交当局者が日韓歴史共同研究推進計画を用意すると、支援委員会と研究委員会の発足が表面化した。韓国の場合、支援委員会は外交通商部、研究委員会は教育人的資源部が、おもに人選と運営を担当した。日本側は、外務省の意向が強い傾向があった。日韓歴史共同研究推進計画によれば、研究委員会は両国から歴史学者を中心にそれぞれ一〇人あまりの民間人（専門家・学者・教師など）で構成し、委員長は歴史をはじめ幅広い見識を備えた要人を任命することになった。そして必要に応じて古代・中近世・近現代などの分野別に分科委員会を設置し、研究の進展状況をみながら他の分科も設置することができるとした。

韓国の教育人的資源部と外交通商部は、歴史学界の世論をとりまとめ、推薦を受けるなどの準備作業をへて、教育人的資源部長官が、研究委員一〇人（別途、委員長一人）と支援委員六人を任命することになった（二〇〇二・五・一一）。日本側も同じ手続きを踏んでいる。韓国側は研究委員会委員長に趙東杰《チョウ・ドンコル》（国民大学校名誉教授）を、支援委員会の実務責任者に外交通商部の東北アジア局長を任命し、研究委員会の総幹事には趙珖《チョウ・グアン》（高麗大学校教授）を指名した。日本側の研究委員会委員長には三谷太一郎（東京大学名誉教授）が、支援委員会実務の責任は外務省アジア大洋州局長が担当することになり、研究委員会の総幹事には森山茂徳（首都大学東京）が指名された。韓国側は教育人的資源部、日本側は日韓文化交流基金に研究委員会の事務局を設置して、実務支援を担当するようにした。

研究委員会は第一分科（古代）、第二分科（中近世）、第三分科（近現代）を設置した。そして古代に三人、中近世に三人、近現代に四人の委員を配置した。各分科の運営は分科長、委員会の運営は総幹事が、相手国と互いに連絡して共同研究を実施していくことにした。

韓国側は各分科で遂行しなければならない共同研究テーマについて、関連分野の研究者の支援を受けて、またそのテーマに関する研究を促進させるために韓国内で共同研究員を委嘱した。古代に二〇人、中近世に二五人、近現代に四六人であった。研究テーマの数に比例して人員を割り当てたわけである。日本側も研究協力者という名で適切な数の共同研究員を置いている。研究委員と共同研究員（または研究協力者）には、所定の研究費または活動費が支給された。そして彼らには関連会議に参加して発表・討論したり、論文を書いたりする義務が課せられたのである。

韓国側は研究委員会の事務局を教育人的資源部の傘下に別途に設置して、局長以下九人の職員を配置した。日本側は日韓文化交流基金を活用したので、機構を新設する煩わしさを避けることができた。

研究テーマの選定と研究活動

日韓歴史共同研究委員会の設置目的はつぎのとおり説明されている。つまり、日韓関係史に対する両国間の学説・解釈に差があるとみなされる分野を、学者・専門家間で議論し、学説・歴史認識について共通点を導き出すように努力すると同時に、異なる点は異なることとして的確にとらえることによって、相互理解と認識の深化をめざすというものである。さらに研究成果が適宜活用されるように、両国政府および関連機関、国会議員・大学などを含めた研究機関、各図書館、教科書作成者、民間（各報道機関、日韓関係および歴史関連知識人など）などに広く周知し、またインターネットのホームページに公開して、日韓両国民間の相互理解が拡大できるようにし、また将来、歴史教科書を編纂する過程で参照されるように考慮しなければならない、という趣旨であった。

日韓歴史共同研究委員会の日韓合同全体会議は、六カ月に一回、分科会議は隔月に一回程度、開催することにした。韓国はこれに対応するために国内委員の全体会議を月一回、分科長以上が参加する運営委員会を月二回、分科会議は随時、また必要に応じて臨時会議を開催することにした。

日韓歴史共同研究支援委員会の任務は、両国間の歴史関連事業を有機的に連携させ、統一した概念の下で推進すると同時に、両国政府が責任をもって個別事業が円滑に実施されるように支援するというものであった。支援委員会の日韓合同定期会議は六カ月に一回開催することにした。

研究委員会は二〇〇二年五月、第一回日韓合同全体会議で一九の共同研究テーマを選定している。テーマの選定は事前に調整をへたものであった。各テーマの題名は**表1**のとおりである。

両国の研究委員会の研究委員はそれぞれ一〇人だったが、一九のテーマが選定されたように過度に欲張った面もある。研究委員が引き受けたテーマ以外の九つのテーマに関する研究は、共同研究員や研究協力者が担当することにした。その成果はもちろん研究委員のものと同じく取り扱うことにしたのである。共同研究員や研究協力者も、所属する分科の日韓合同研究委員会に出席して発表と討論をしなければならなかった。

韓国側は一九のテーマの研究を支援するために、八三人の共同研究員に対して、該当テーマに関連した小テーマの研究を依頼した。共同研究テーマが広範囲にわたるものであったため、その領域で論争になりそうな個別かつ具体的なテーマの研究が必要であり、それらの小テーマの研究を総合すれば、共同研究テーマの全般的な内容と性格を把握できるようにと慎重に考えた結果である。委員長には六個の特設課題を研究できるように配慮した。これを網羅すれば韓国では、古代から現代まで日韓関係史全般にわたって、一〇八のテーマの研究が推進されることになる。各研究委員は自身に割り当てられた七〜九人の小テーマの研究者らと随時、研究会を開いて意見を調整していった。分科長は各分科の研究状況を点検して調整した。

日韓の世論は、研究委員会が歴史対立を一挙に解決してくれるとは期待はしていなかったが、それでも注意深く見守っていた。両国の研究委員はこうした静かなプレッシャーを背負って研究に臨んだといえる。さらに初めて試みた公的な共同研究であったために、参加者は意欲に満ちていた。そのこともあり研究テーマを無理に多く選定して、決意に満ちた様相で合同会議に

表1　第1期日韓歴史共同研究委員会の分科別共同研究テーマ

分科	研究テーマ
第1分科　古代	①4世紀の日韓関係 ②5世紀の日韓関係 ③6世紀の日韓関係
第2分科　中近世	①偽使 ②文禄・慶長の役（壬辰倭乱） ③朝鮮通信使
第3分科　近現代	①日韓間の諸条約問題 ②東アジア国際関係とその近代化 ③日清・日露戦争期の日韓関係 ④朝鮮駐屯日本軍の実態（1876〜1945） ⑤植民地統治政策と朝鮮民族の対応 ⑥植民地期、文化と社会の変化 ⑦戦時体制期の国家総動員体制とその実相 ⑧植民地「開発論」と「収奪論」 ⑨日韓会談と日韓条約 ⑩1945年以後の日朝関係 ⑪1945年以後の日韓間経済関係の展開 ⑫近現代日韓間の相互認識 ⑬近現代日韓関係研究史

臨んだのである。

研究委員会は二〇〇二年五月から二〇〇五年五月まで、日韓の全体合同会議六回、各分科合同会議四五回（第一分科二〇回、第二分科一一回、第三分科一四回）、全体共同研究発表会一回を開催している。各分科会は二カ月に一度以上、相互発表と討論を忠実に進行した。しかし、途中で日本側は質が高い研究成果を示すにはもっと時間が必要だとして研究期間の延長を求め、研究委員会は関係当局と協議して活動期限を三年に延長することになった。各会議の概要を紹介す

表2　第1期日韓歴史共同研究委員会の活動状況

区分		概要
全体会議		共同研究のテーマ選定（第1次）、共同研究成果物の制作形態の議論（第2次）、論文集・討論集・史料集等での発刊を合意、共同研究発表会の開催および細部手続きを協議（第3・4次）、共同研究発表日を2004.6.3〜5に確定、共同研究の回顧と成果物（最終報告書）相互交換（第6次、2005.3.26）
分科会議	第1分科	テーマ発表と討論、史跡共同調査の並行実施、研究篇では論文、座談会の録音収録、資料篇では文献目録、史料集成、年表などを掲載することで合意して作業状況を点検
	第2分科	テーマ発表と討論、論文集・研究史資料集を作成することで合意して作業状況を点検。テーマ発表に対する討論の録音作成。教科書の記述を取り上げようとする韓国側の意見に日本側が激しく反発して鋭く対立
	第3分科	テーマ発表と討論、史跡調査並行実施、論文集（批評文および反論文を含める）と年表および史料集を刊行することにして作業状況を点検

れば**表2**のとおりである。

全体共同研究発表会（二〇〇四・六・三〜五）はソウルで開催された（韓国側は研究委員を含めて一六人、日本側は研究委員を含めて一六人出席）。各研究委員が一九の研究テーマを分担して研究の進捗状況を報告し討論する形式でおこなわれた。韓国側は、国民に研究の進捗状況を伝えるためにこの発表会を公開するように求めたが、日本側は研究進行の妨げになる可能性があるとの理由で反対し、結局、非公開で進められることになった。

韓国側は、日本との合同会議とは別に、数多くの内部会議を開いてきた。全体会議三九回、運営委員会七二回、分科会（第一分科三八回、第二分科三七回、第三分科三六回、のべ一一一回）、ワークショップ三回、調査および現地調査一回などであった。研究委員が共同研究者と開催したセミナーは数え切れないほど多かった。さまざまな会議の回数と内訳だけをみても、研究委員会の活動が非常に活発だったことが確認できる。

どのような成果があったのか

「日韓歴史共同研究報告書」の作成

日韓歴史共同研究委員会は二〇〇五年六月一日、研究成果物である「日韓歴史共同研究報告書」を作成し、インターネットで公開した。合計六冊、二五一二ページに達する膨大な分量である。韓国側は外交通商部、教育人的資源部、韓国学中央研究院のホームページに掲載し、日本側は外務省、日韓文化交流基金のホームページに登載した。両国民のみならず、すべての人に公開したのである。この報告書に載せられた論文の題名を取り上げれば**表3**のとおりである。

韓国側は、この報告書以外にも共同研究者などが膨大な追加の研究成果をあげている。共同研究テーマと関連した個別研究課題（小テーマ八三、特設課題六）についても、別途の論文集（一〇冊）を出版している。研究委員で構成された韓日関係史論集編纂委員会が刊行したこの本は、

表3　第1期日韓歴史共同研究委員会の研究成果

区分		著者と論文の題名
1巻	第1分科 古代	・金泰植「4世紀の韓日関係史―広開土王陵碑文の倭軍問題を中心に―」 ・濱田耕策「4世紀の日韓関係」 ・盧重国「5世紀の韓日関係史―『宋書』倭国伝の検討―」 ・石井正敏「5世紀の日韓関係―倭の五王と高句麗・百済―」 ・金鉉球「6世紀の韓日関係―交流のシステムを中心に―」 ・佐藤信「6世紀の倭と朝鮮半島諸国」
2巻	第2分科 中近世 〔韓国側〕	・韓文鍾「偽使研究の現況と課題」 ・朴哲晄「壬辰倭乱（文禄・慶長の役）研究の現況と課題」 ・張舜順「通信使研究の現況と課題」 ・韓文鍾「朝鮮前期の倭人統制策と通交違反者の処理」 ・鄭求福「壬辰倭乱の歴史的意味―壬辰倭乱に対する韓・日両国の歴史認識―」 ・洪性徳「朝鮮後期における対日外交使行と倭学訳官」 ・孫承喆「中・近世の韓日関係史に関する認識の共通点と相違点」 ・趙珖「通信使に関する韓国学界の研究成果と争点事項」
3巻	第2分科 中近世 〔日本編〕	・田代和生／六反田豊・吉田光男・伊藤幸司・橋本雄・米谷均「偽使」 ・六反田豊／田代和生・吉田光男・伊藤幸司・橋本雄・米谷均・北島万次「文禄・慶長の役（壬辰倭乱）」 ・吉田光男／田代和生・六反田豊・伊藤幸司・橋本雄・米谷均「朝鮮通信使」（中世編）（近世編） ・伊藤幸司「日朝関係における偽使の時代」 ・橋本雄「朝鮮国王使と室町幕府」 ・米谷均「朝鮮侵略前夜の日本情報」 ・六反田豊「文禄・慶長の役（壬辰倭乱）開戦初期における朝鮮側の軍糧調達とその輸送」 ・吉田光男「日本における韓国中近世史研究教育基盤―大学・学界・研究工具―」（付録論文） ・田代和生「朝鮮国書・書契の原本データ」（付録論文）
4巻	第3分科 近現代	・李萬烈「近現代韓日関係研究史―日本人の韓国史研究を中心に―」 ・永島広紀「日本における近現代日韓関係史研究」 ・金度亨「開港後近代改革論の動向と日本認識」 ・古田博司「『相互認識』東アジア・イデオロギーと日本のアジア主義」 ・鄭昌烈「乙巳条約・韓国併合条約の有・無効論と歴史認識」

		・李相燦「1900年代初、韓日間諸条約の不成立再論」(補論) ・坂元茂樹「日韓間の諸条約の問題—国際法学の観点から—」 ・張寅性「近代東アジア国際秩序と近代化」 ・原田環「東アジアの国際関係とその近代化—朝鮮と越南—」 ・趙明哲「20世紀初日本の大陸政策と韓国問題」 ・佐々木揚「露朝関係と日清戦争」
5巻	第3分科 近現代	・徐仲錫「日帝の朝鮮強占と韓国の独立運動」 ・森山茂徳「植民地統治と朝鮮人の対応」 ・全遇容「植民地都市イメージと文化現象—1920年代の京城—」 ・木村健二「日中戦争前後の朝鮮における『科学的経営法』の導入」 ・井上和枝「韓国『新女性』と『近代』の出会い」 ・林廣茂「京城の五大百貨店の隆盛と、それを支えた大衆消費社会の検証—主として昭和初期から同15年前後まで—」 ・許粹烈「日帝下朝鮮経済の発展と朝鮮人経済」 ・堀和生「日本資本主義と植民地経済—貿易面から見た特質—」 ・鄭在貞「日帝下朝鮮における国家総力戦体制と朝鮮人の生活—『皇国臣民の錬成』を中心に—」 ・木村幹「総力戦体制期の朝鮮半島に関する一考察—人的動員を中心にして—」 ・姜昌一「朝鮮侵略と支配の物理的基盤としての朝鮮軍」 ・戸部良一「朝鮮駐屯日本軍の実像：治安・防衛・帝国」
6巻	第3分科 近現代	・兪炳勇「韓日協定と韓日関係の改善の方向」 ・倉田秀也「日米韓安保提携の起源—『韓国条項』前史の解釈的再検討—」 ・塚本孝「日韓基本関係条約をめぐる論議」(補論) ・丁振聲「1950年代の韓日経済関係—韓日貿易を中心に—」 ・柳町功「戦後日韓経済関係の形成における両国財界人の役割」 ・都珍淳「東北アジア脱冷戦の環(リング)、朝日国交正常化交渉の歴史と限界」 ・金聖甫「戦後の東北アジア秩序と朝日関係」(補論) ・小此木政夫「戦後日朝関係の展開—解釈的な検討—」

＊各分野の報告書には両国の委員の論文以外にも、つぎのような記録が載せられている。

- 第1分科：座談会の録音収録、共同研究を終えて(両国の委員のコメント)、共同研究活動の記録
- 第2分科：両国の討論の録音文(全文を録音)
- 第3分科：相手国研究者の批評文、執筆者の返答
- 全体会議：両国の委員長の共同挨拶の言葉および個別挨拶、委員名簿、活動日誌(合同会議6回、編集会議1回、共同研究発表会1回)

古代三冊（二五編）、中近世三冊（二八編）、近現代四冊（四一編）に分かれて九四編の論文が掲載されている（韓国・京仁文化社、二〇〇五・六・五）。日韓歴史共同研究委員会の研究活動を支援するために韓国内で一〇〇人あまりの専門家が参加し、初めて日韓関係史を網羅した研究を進め、その結果を膨大な論集として刊行したことは、それ自体でも大きな学問的成果であったといえる。

そのほかに韓国側の第三分科は『対日過去清算訴訟資料集』（原爆被害者郭貴勲訴訟記録など、全一〇冊）を国史編纂委員会と共同で発刊し、また『日露戦争前後韓国関連ロシア新聞「新時代」記事資料集（一九〇〇〜一九〇六）』を刊行した。この新聞は極東の当時の国際情勢をよく示す資料として評価されている。また『近現代韓日関係史年表（一八六四〜一九六五）』を作成し出版している。

上記の報告書に載せられた論文と討論文などの活動記録をみれば、第一期委員会が日韓関係史全般にわたった膨大なテーマに幅広く深く掘り下げて取り組んだことが理解できる。分科によって共同研究に臨む研究員の姿勢などに大きな違いがみられたが、初めての公的な共同研究であったということを考慮すれば、評価できる作業であったといえる。

共同研究の要点と争点

日韓歴史共同研究委員会が生み出した研究成果は膨大な分量に達するので、一般の人がそれをすべて読み、その内容と意味を理解することは決して容易なことではない。以下では、日韓の歴史問題について関心をもつ読者に便宜を提供するという意味で、一九のテーマの要点と争点を簡略に紹介しよう。

第一テーマ：四世紀の日韓関係

韓国側は四世紀の日韓関係史において「任那日本府説」は成り立たず、倭軍の活動は百済および伽耶と倭の間の人的・物的交流レベルの限られた援軍にすぎなかったと説明した。四世紀後半における百済は、新羅を牽制するために伽耶を支援し、伽耶を媒介として倭とつながっていたとした。その中で百済が劣勢になると、伽耶は倭軍を引き込んだ。それをもって倭が伽耶を征服したとみるのは無理な解釈である。

日本側は、三七二年、百済の近肖古王《クンチョゴワン》が東晋から冊封を受けて、すでに東晋で鋳造されていた七支刀を複製して倭王に与えたと解釈した。また高句麗・新羅に対抗するために接近する百済・倭の国際関係を重視する立場をとっている。

両国の研究成果としては、四世紀以後の倭が、朝鮮半島南部に軍事拠点を設置して支配したという「任那日本府説」は、数十年前には通説の地位を占めていたが、現在はほぼ認められなくなったことを相互に認識した。

第二テーマ：五世紀の日韓関係

韓国側は、『宋書』倭国伝に出てくる倭王の自称号は実体があるものではなく、対外的には倭が百済と競争して、対内的には日本列島の中の諸豪族の統合を推進するために称したものにすぎない、と主張した。つまり、倭王の自称号は、対外的に百済が中心となった新羅・伽耶・倭の連合という対高句麗の外交網に参加した倭が、連合勢力の主軸をめぐって百済と競争するために意図的に名乗ったものであるとした。また対内的には日本列島の統合を推進し、これを諸豪族にみせるための方便として名乗り、宋から認められて信頼を得ようとしたのであるとした。したがって朝鮮半島の諸国が含まれた自称号は、倭が朝鮮半島の諸国を支配した事実を示すものではないと結論した。

日本側は、五世紀の日韓関係において倭の五王が宋と通交し、朝鮮半島南部における軍事的支配権を意味する「都督百済……諸軍事」という爵号を求めたことに大きな意味を見出し重視した。すなわち倭王は朝鮮半島南部地域に日本の軍事的影響力が及んだことを、宋から認めてもらうことを願っていたとみたのである。

双方は、百済王の将軍号が倭王の将軍号より格が低い、という問題をめぐって意見が対立した。また、倭王の諸軍事号の実効性の可否についても、肯定と否定の意見を表明した。

第三テーマ：六世紀の日韓関係

韓国側は、『日本書紀』にみられる六世紀の朝鮮半島関係の核心といえる、五〇七年から五六二年までのヤマト政権と朝鮮半島の諸国との人的・物的交流をおもに検討した。その結果、百済との交流は往復三九回に達している反面、新羅・高句麗とはそれぞれ往復二回ずつのみで、任那とも往復八回にすぎないとした。ヤマト政権と新羅・高句麗・任那の交流が非常に微々たるレベルにとどまっていることから、六世紀のヤマト政権と朝鮮半島との関係は、任那ではなく百済との関係を中心に展開していたことがわかるとした。それゆえに、ヤマト政権と任那との関係は百済を助ける水準にとどまっていたと主張した。

日本側は、百済から日本に仏教が伝わったのは、五三八年または五五二年頃で、当時三国間の緊迫した情勢の中、危機に陥った百済が高句麗・新羅の圧力に対抗するために倭に助けを求める方便として活用したと主張した。合わせて『日本書紀』が編纂過程において、百済流移民の影響を受けたので、朝鮮半島の関係記事が自然と百済中心に傾いたと説明した。

成果としては、倭と伽耶の関係を明らかにするには『日本書紀』の朝鮮半島の関係記事だけでは限界があるという点で意見が一致した。また今後、考古学調査や出土文字資料などを活用して、さらに検討していかなければならないという認識を共有した。

第四テーマ：偽使

偽使とは、朝鮮前期に通商交易を目的に日本から朝鮮に渡航した偽の使節のことをさす。韓国側は、朝鮮前期の対日政策の核心は倭寇の禁圧と通交倭人に対する統制だったという点で、偽使を通交違反者と規定して、朝鮮前期の日韓関係史において通交違反者の役割とその意義を提示した。また倭寇とは北九州・対馬一帯の日本海民で、朝鮮半島と中国沿岸を対象に略奪をおこなった海賊集団ととらえて、倭寇の中に日本人のほかに朝鮮人または高麗人、さらには済州道民を含ませる日本の見方は誤った記述であると主張した。

日本側は、偽使の発生から展開・拡大・変容の全過程を追跡してその実態と規模を明らかにし、それが中世東アジア通交圏における共通の存在だということを強調した。朝鮮は偽使の嘘の通交体制を疑いながらも、倭寇の行動が再燃されることを恐れてそれを黙認した。さらには印鑑の偽造、公文書と通行証の偽造、権力者の名義を詐称するなどの多数の違法行為は、東アジア通交圏で共通して発生したと主張した。

双方の成果としては、偽使および倭寇の構成に対する認識において、共通点と差異点が存在するということを確認した程度である。

第五テーマ：文禄・慶長の役（壬辰倭乱）

韓国側は、壬辰倭乱が、従来、日韓両国においてナショナリズムの観点から研究されてきたことを検討し、これに対する両国人の歴史認識の差異点を指摘した。そして戦争史研究は戦争を美化するのではなく、残虐な戦争を防止しなければならないという観点からの研究の必要性を強調した。その点で、日本の壬辰倭乱（秀吉の朝鮮侵略）に対する教科書記述は、対外的膨張主義をあおって豊臣秀吉を英雄化していると指摘した。

日本側は、豊臣秀吉の侵略以前に複雑に入り乱れた情報が、朝鮮側を不利な状況に追い込んだということを明らかにした。また壬辰倭乱の開戦から三カ月間の兵糧問題を取り上げて、戦争の実態を解明した。反面、壬辰倭乱に対する争点を扱わないことによって論争を避けようとする意図がうかがえた。

双方の成果としては、壬辰倭乱の侵略性と戦争の悲惨さを再認識できたという点である。

第六テーマ：朝鮮通信使

韓国側は、朝鮮後期の通信使と問慰行（対馬の宗氏への使節―訳者）が定例化する過程と倭学訳官（朝鮮側の通訳および外交実務者―訳者）の重要性を体系的に分析した。そして日韓関係史において、朝鮮通信使の善隣友好的性格と文化交流の象徴性を強調した。朝鮮通信使は壬辰倭乱の直後、日本の国政の探索と戦時捕虜の送還のために派遣された。また朝鮮と日本が交隣体制を維持するために定例化された。その過程で日本に朝鮮の先進文化を伝授することになった。したがって歴史教科書などが朝鮮通信使を日本の将軍襲職の祝賀使節団に限定したり、朝鮮の文化を宣揚した、という一面的な叙述では誤りであるという立場をとった。

日本側は、朝鮮通信使の京都入京の過程と朝鮮使節の接待実態を解明して、朝鮮通信使は「将軍襲職の朝貢使節」として把握した。つまり室町幕府が朝鮮使節を「仮想の朝貢使節」とみなしていた点を指摘したのである。

双方は相当な認識の差にもかかわらず、朝鮮通信使の文化交流における役割を共通に認めた。また朝鮮通信使と日本からの使節である使行（実際は対馬が代行—訳者）のもつ双方向的特性を、共に研究しなければならないという点では認識を共有した。

第七テーマ：日韓間の諸条約問題
韓国側は、一九〇〇年代初めの日韓の諸条約は強制的・不法的に成り立ったものであるので無効で、合法とする日本の論理は帝国主義の侵略を隠蔽するためのものだと主張した。日本側は、諸条約が国際法的に合法的な手順をふんで締結されたもので有効であり、韓国の植民地支配を反省することと条約の有効性を肯定することは別の問題だと主張した。

双方は、日本の朝鮮植民地化過程で日韓の間に結ばれた諸条約の合法性の有無をめぐって論争を繰り広げた。条約締結における形式的な手続きを遵守したのかを、国際法の観点から議論することもあった。その過程で日韓双方が互いに相反した見解にあることがはっきりとあらわれた。

第八テーマ：東アジア国際関係とその近代化

韓国側は、東アジア国際社会は近代化が進行して主権国家体制に移行したが、それはかたちだけのものにすぎず、力の論理が支配したとみた。とくに日本のナショナリズムは自由主義を喪失したまま国家主義的様相をみせ、東アジアは分裂し、その頂点に「大東亜共栄圏」があったと主張した。

日本側は、朝鮮は清国と厳格な従属関係にあったと主張した。壬午軍乱と甲申政変の時、清軍の出兵も朝鮮内部の要請によったものであった。朝鮮は欧米の衝撃への対応で、清を防波堤としてだけ考えていた。日本側は、朝鮮が中華思想から抜け出して近代化に進んだのは、日清戦争で清が敗北した結果だと主張した。

双方は、朝鮮後期以来の朝貢・冊封関係の変化、一八八〇年代の朝鮮と清との関係の性格、日清戦争が東アジアでもつ意味の有機的把握などが必要という点を互いに認めるレベルにとどまった。

第九テーマ：日清・日露戦争期の日韓関係

韓国側は、日本の対韓政策である「仁川占拠論」と「満韓交換論」は、ロシアの満洲占領に刺激を受けて具体化し、一九〇二年の日英同盟に際して認められた韓国での「自由行動」も、日本が執拗にイギリスを説得して得られた結果であったとし、この時期における日本の軍事政策は、韓国問題を日本の「死活問題」として把握した侵略の過程に違いなかったとした。日本側は、一八六〇年代から一八九五年の日清戦争終結まで、ロシアの極東政策の性格を時期別に概観した。そして双方は、特記すべき論争もなく共同研究を終えた。

第一〇テーマ：朝鮮駐屯日本軍の実態（一八七六〜一九四五）

韓国側は、一八七六〜一九四五年まで朝鮮駐屯日本軍は対外侵略の先鋒隊として大韓帝国を廃滅し、日本の統治力が大衆の日常にまで及ぶことができる力の源泉であった、とみた。あわせて満洲に侵略を拡大する尖兵であり、戦時動員過程で中枢から末端機構にいたるまで実質的に支配したと主張した。

日本側は、植民地駐屯軍が植民地の治安に重点を置くのは当然であり、暴力的鎮圧は日本の朝鮮支配だけに該当するのではなく、鎮圧と抵抗が相互に増幅された結果だと主張した。

双方の見解は明確に対立したが、熱い論争に広がることはなかった。成果としては、成長する朝鮮人を内部に閉じ込めておけば問題が発生する素地があるので、そのエネルギーを国外に発散させるために朝鮮人に徴兵制を実施したという事実に注目したという点である。

第一一テーマ：植民地統治政策と朝鮮人の対応

韓国側は、日本の朝鮮支配は他の地域では類例がない事例として、政治的自由がなく、差別と抑圧および人権蹂躪が横行したとみた。また日本の酷い弾圧の中で、独立運動は地下または海外で展開するほかはなかった事情を明らかにし、解放の時まで時期別にその特徴などを整理した。

日本側は、日本の朝鮮支配政策は武断統治期、文化統治期、大陸兵站基地化期に区分でき、台湾での植民統治経験が考慮されたことを明らかにした。また日本の植民統治はその抑圧性のほかにも、植民地統治過程で官僚制の発達、日本式資本主義の経験など、制度および行動様式に対する理解も考慮すべきであり、朝鮮人の抵抗運動にあらわれた特徴としては、国家・国民意識の希薄、リーダーシップの不在と分裂、伝統的権威主義の温存などの側面もあったと主張した。

双方は、朝鮮における独立運動の力量に対する評価をめぐって対立した。独立を自分の力で勝ち取ることができなかった原因が、日本の朝鮮支配の抑圧性のためか（韓国側）、朝鮮の国民意識の不在とリーダーシップの欠如のためか（日本側）をめぐって衝突したのである。双方への成果は、日本の植民統治の基本的性格について似通った見解をもっていることを確認した点である。

第一二テーマ：植民地期における文化と社会の変化

韓国側は、日本は朝鮮王朝と大韓帝国の権威をなくそうと、王朝のおもな建物を傷つけて残影だけを残し、ソウルでは日本人居留地を中心とした南村に特権的地位を付与したと主張した。

あわせて朝鮮人と日本人居留地の差別的かつ悪意的な空間改造により、朝鮮人の怒りと怨恨を買った。その中で一部の朝鮮人は、帝国主義文明を憧れる民族改良主義的な大衆的感受性も体得したとみた。

日本側は、植民地体制が経過して韓国に近代的側面（近代性）としての科学的経営技法、新女性、百貨店が登場したとみた。そしてこれは朝鮮社会が近代を体現していく過程であり、戦後の韓国社会に明確な影響を及ぼしたと主張した。韓国側は近代性を認めながらも、その収奪性を強調する。一方、日本側は、植民地性を認めながらも近代的側面を強調したとみられる。

第一三テーマ：戦時体制期の国家総動員体制とその実相

韓国側は、戦時体制期における朝鮮総督府は、朝鮮人を天皇のために体と心を捧げることができる真の日本人に改造しようとする皇国臣民化を企てたが、朝鮮人は協力・同化・逸脱・抵抗などの方法で対応したとみた。日本側は、朝鮮での総動員は、他の植民地と比較しても広範囲に及んでいたが、動員のすべてを「強制連行」とするのは誤りであると主張した。あわせて、朝鮮人の動員過程で組織的反乱が起きなかったのは情報の不在のためだった、という論調を繰り広げた。

双方は、朝鮮人の総動員過程で抵抗がなかった理由が、情報の不在のためなのか（日本側）、世界で類例をみないほどの厳格な暴圧統治のためなのか（韓国側）をめぐって論争をおこなった。

双方の成果としては、戦時体制期動員の問題を比較史的観点からアプローチする必要性があることを確認した点である。

第一四テーマ：植民地「開発論」と「収奪論」

韓国側は、植民地期日韓両民族間の生産手段の不平等により、朝鮮人の一人当たり国内総生産は平均値以下であり、工業化は朝鮮人に非常に制限されていたと主張した。日本側は、第一次・二次世界大戦の間に東アジアで日本を中心とした新しい資本主義国際関係が形成されて、植民地期資本主義的生産様式を形成したことで、韓国は解放後に独立国になっても貿易依存度が高い経済構造に転換できたとみた。

双方は、植民地期の経済分析で民族間差別という要素を、朝鮮経済の全体にどのような比重を置いて説明するのかについて認識の違いをみせた。また韓国の解放前と解放後を断絶としてとらえるのか、連続としてとらえるのかについても見解が異なった。共通の成果としては、日本の植民地経済構造を把握するためには、一国史を越えた東アジア地域史でとらえる必要があるという点、解放前と解放後の断絶・連続を総合的に理解する必要性があるという点を確認したことがあげられる。

第一五テーマ：日韓会談と日韓条約

韓国側は、日韓の間に歴史論争が続けて提起されるのは、日韓条約が植民地支配に対する賠償・補償、すなわち戦後処理をきちんとおこなわなかったからだと主張した。条約の締結過程で、日本は請求権自体を認めず、日本軍「慰安婦」などの強制動員は議論することもなかった。したがって日本政府は、賠償・補償の義務があると主張した。日本側は、日韓条約は数多くの争点が十分に整理されないまま締結されたが、植民地支配と関連した日本政府の賠償・補償の義務はこれで消滅したと主張した。

双方で、対日請求権が今でも有効なのかをめぐって論争をおこなった。その一方で、一九九八年に発表した「日韓パートナーシップ宣言」が、日韓両国関係の基本枠組みにならなければならないという点では双方の意見が一致した。

第一六テーマ：一九四五年以後の日朝関係

韓国側は、冷戦時代における日朝関係に強く影響を与えたのはアメリカだが、日本が北朝鮮を敵にまわして右傾化・軍事大国化を追求しており、過去の歴史に対する根本的な反省と賠償なしに国交正常化問題を解決しようとする消極性をみせていると主張した。日朝国交正常化問題が足踏み状態にあるのは、日本にも責任があると指摘した。日本側は、日朝国交正常化が成り立たない理由はあくまでも拉致問題、核問題など北朝鮮が原因を引き起こしたためだと主張した。双方とも日朝国交正常化が進まない背景を時代的推移の中で分析しようとする姿勢をみせた。

第一七テーマ：一九四五年以後の日韓の経済関係の展開

韓国側は、一九五〇年代の日韓経済関係は非常に停滞をみせたが、日本帝国主義からの急激な断絶、朝鮮戦争による破壊、両国の政治状況がその背景にあったとみた。両国貿易の増大は一九六〇年代以後の出来事であった。日本側は、日韓国交正常化および日韓経済交流は、政治論理に立つ為政者と経済・経営の論理で動く企業家の両者が結合しておこなわれた合理的実践だったとみた。双方の間に明確な争点はなかった。

第一八テーマ：近現代日韓間の相互認識

韓国側は、開化知識人たちは日本を侵略者として把握するよりは、韓国の文明化を指導する国として認識し、国粋主義的知識人たちは、日本の侵略論理であった「東洋主義」の本質を認識しナショナリズムを提唱して武装闘争に転換したとみた。日本側は、日本のアジア主義は、アジアに優越意識をもつ「内鮮一体論」「大東亜共栄圏論」などとつながっているとみた。また、東洋の平等な連帯を夢見て韓国内の右翼的（つまり日本寄り）結社・一進会と連携して「大同合邦論」を主張した日本人もいたが、これは今日の世界市民意識の幻想につながっていると明らかにした。双方に特別な争点はなかった。日本側はアジア主義を大きく二種類に区分し、侵略主義的性格を認めたことを確認できた。

第一九テーマ：近現代日韓関係研究史

韓国側は、日本の韓国学研究は幕末期の征韓論と明治期の朝鮮に対する侵略・支配の観念から出発して、植民地期に「停滞論」（高麗・朝鮮時代は朝鮮の歴史を後退させたとする——訳者）、「他律性論」（地理的位置から周囲の大国によって翻弄されたとする——訳者）を特徴とする植民史学として体系化されていったとみた。このような歴史観は日本の朝鮮進出と植民地化を正当化するものとして、未来志向的日韓関係の構築のために克服する必要があると主張した。

日本側は、日韓条約が締結された一九六〇年代以後、「内在的発展論」と「停滞論」に基盤を置いた社会経済史研究、開港期開化思想に対する研究、南北の現代史に対する研究現況を分析した。一九九〇年代に入り、土地調査事業を単純な土地収奪でなく朝鮮の土地所有形態の近代的再編として理解する学説が登場するなど新しい観点も紹介した。

双方の間に特別な論争はなかったが、韓国側は植民地期日本の朝鮮史研究を扱い、日本側は一九六〇年代以後の韓国学研究の潮流、史料の発刊などに焦点を合わせた。双方で、日本の韓国近現代史研究が、植民地期統治のための道具としての歴史学、一九六〇年代以後の内在的発展論、一九九〇年代以後の「植民地近代化論」、そして近年は「ポスト植民地論」などにつながっていることを確認した。

このように共同研究では決められたテーマに対し、参加者間で多様な発表と討論がおこなわれた。日韓における歴史認識の差をまとめて理解できるように、各分科別（時代別）における論争の要点を簡略に整理すれば以下のとおりである。

古代

韓国側は、四〜六世紀に日本による朝鮮半島南部支配は成立していないことを『日本書紀』神功紀、広開土王陵碑文、考古学資料、『宋書』倭国伝、『日本書紀』継体・欽明紀などの分析を通じて明らかにした。日本側は、典型的な任那日本府説を主張しなかったが、広開土王陵碑文を通じて、四世紀当時に倭が強かったということを認識させようと努めた。日本が六〜七世紀に百済などの朝鮮半島から仏教・漢字などの先進文化を伝授した事実を言及して、それは朝鮮半島の諸国が互いに対立する中で、日本と結ぶために自発的に送ったものだと主張した。

中近世

韓国側は、偽使を通交違反者と規定して、朝鮮前期の日韓関係史で通交違反者が占める役割およびその意義を軽視した。日本側は偽使の発生から展開・拡大・変容の全過程を追跡して、その実態と規模を明らかにし、それが中世東アジア通交圏における共通の存在だということを強調した。倭寇について韓国側は、主体は日本人であり、その性格は海賊集団だということを論証した。一方、日本側は、倭寇を日本人や朝鮮人、あるいは混血の雑居集団と解釈した。朝鮮通信使について韓国側は、朝鮮が幕府の懇願を受け入れて通信使を派遣したと主張した。一方、日本側は、幕府が通信使を「仮想の朝貢使節」とみなしたことを強調した。壬辰倭乱について韓国側は、日本の侵略欲求によって起き、朝鮮が勝利した戦争と規定した。一方、日本側は、「侵略」の代わりに「出兵」「派兵」の用語を使って、被害状況を縮小しようとする姿勢をみせた。

近現代

「開港期」について韓国側は、日本が朝鮮植民地化の過程で締結した条約は国際法の手続きなどに照らして不法かつ不当だと主張した。一方、日本側は、日本が力の優位を背景に条約を結んだとしても、それは近代国際法が抱えている矛盾にすぎないと主張した。

「植民地期」について韓国側は、日本が人的・物的資源を最大限に動員するために、朝鮮人を皇国臣民として練磨・育成する政策を推進したとみた。また日本の朝鮮支配が朝鮮人の独立を絶対に許さない暴圧・同化政策であり、朝鮮人はこれに対して国内外で多様な独立運動を展開したと主張した。日本側は、朝鮮に近代的官僚制が徹底して移植されて国際化が進展されたとみた。またそれに対する反発で、民族的独自性を模索するために抵抗民族主義が成立して、それが創造的リーダーシップの欠如を招いたと強調した。

「解放以後期」について韓国側は、日韓条約は植民地支配に対するお詫びと反省が欠如している反面、日・韓・米反共戦線の構築に寄与して、韓国経済の対米・対日結合を強化させたと主張した。日本側は、日韓条約を契機とした日韓関係の強化と経済発展は、両国および地域の平和と安全に寄与したと主張した。

埋められなかった歴史認識の対立

試行錯誤に対する反省

第一期委員会は、日韓両国の政府が支援する初めての歴史対話であったために、組織と運営、研究と活用など、すべての面で多くの困難な場面に直面した。それにもかかわらず全体的にみて無難に進められており、かなり多くの成果を出したといえる。もちろん試行錯誤もなくはなかった。以下ではその点をいくつか指摘しておきたい。

一つ目に、共同研究のテーマ選定をめぐる衝突である。韓国側は、日本の歴史教科書における日韓関係の記述が問題となってこの委員会がスタートしたことから、教科書において認識上の争点となっているテーマを選択しようとした。反面、日本側は、教科書の内容よりは学説上の違いが生じるテーマを選定しようとする見解を提示した。選ばれたテーマについては、学問的・実証的に研究しなければならないものであることにはすぐにも意見が一致した。日韓でテーマを選定するのに多くの時間を費やした。それにもかかわらず、研究を進行する過程で、日韓の争点と関連のないテーマを選んで論文化する行為もあり、それを完全に防ぐことはできなかった。

二つ目に、日韓関係史に対する研究を一挙に進展させたいという欲求によって、委員の人数にくらべて多くのテーマを設定、共同研究員や研究協力者は数多く分担するほかはなかった。近現代分科の場合、委員四人が一三のテーマを担当し、レベルの高い論文と討論を引き出すのに苦労した。一度にたくさんの研究を検討すれば、委員会の特色を生かすこともできず、真摯な対話も期待しがたい。したがって両国は、委員会をスタートさせる過程で、成果に対する期待の程度を調整する必要があった。また委員とテーマを有機的に関連させて適切な規模と論題を選定することが望ましいと考えられる。

三つ目に、委員会の活動を公開にするか、非公開にするかをめぐって日韓は対立した。韓国側は国民が委員会の活動に注目しているので、当然公開しなければならないと主張した。反面、日本側は、進行中の研究が公開されればさまざまな圧力が介入し、自由に研究できないという理由で公開しない方向で進みたいと主張した。日本側の態度が頑強で、韓国側がそれに同意するほかはなかった。その代わり、韓国側の継続的な要求により、「報告書」は論文集・討論集・史料集などの形態で作成された。そうして双方がどのような事象・出来事をめぐって論争を展開したのかを確認できるようにした。結果的に、委員会の活動を公開しないことは、自らの存在感を弱めさせ、研究成果を広く発信するのに支障をきたしたと思われる。

四つ目に、第一期委員会は日本の歴史教科書問題を契機にスタートしたにもかかわらず、教科書そのものについては議論することができなかった。両国の首脳が「日韓歴史共同研究機構」設立を合意した時、教科書の争点に関連した共同研究までは合意できなかったからである。韓国側は全体合同会議および共同研究発表会を通じて教科書関連の争点などを言及しようと努力したが、日本側は強く反発し否定的姿勢で一貫した。それで分科会議が長期間にわたり空転する事態も発生したのである。この点だけをみれば、この委員会が両国民の要求にまともに対応できない格好となったと思われる。

共同研究に対する評価

第一期日韓歴史共同研究委員会の活動と成果は、そのスタート時は両国の政治とメディアの注目を浴びたのにくらべ、その後はそれほど高い関心を引くことができなかった。委員会の活動が公開されなかったうえに、委員会の活動にもかかわらず、日韓の間に再び歴史認識の対立が高まったからである。そこには共同研究の量が非常に膨大なうえに、論文のかたちをとっていたために一般の人が簡単に理解できない点も影響した。それにもかかわらず、つぎのようないくつかの点では高く評価できると考える。

一つ目に、日韓関係史に対する、より発展した研究と討論の可能性をみせてくれた点である。日韓両国の歴史学者が、解放後初めて政府が設置した公式機構を通じて日韓関係史の争点を共同で研究して討論したということは意味深い出来事である。従来、個人および学会間でおこなわれた研究ではわざわざ避けていた案件についても、鋭い討論をおこなうことができた。その結果、研究者のみならず、歴史教科書執筆者などに両国の見方が明確にあらわれる研究成果を提供できるようになった。もちろん歴史認識の差異点だけを強調したわけではなかった。かえって日韓の共通した見方をより多く提示できたともいえる。

二つ目に、日韓両国で研究委員のみならず、多数の共同研究者と研究協力者が参加したことで、研究人材の養成や研究分野の拡張などで大きく寄与した点である。とくに韓国では、報告書とは別に日韓関係史の争点に対する詳細な研究結果を一〇冊の『日韓関係史研究論集』として発刊した。この論集は、各大学および研究機関などに配布されることによって、今後の日韓関係史研究に大きく寄与すると思われる。第三分科は『対日過去清算訴訟資料集』（全一〇冊）、『日露戦争前後韓国関連ロシア新聞記事資料集』（一九〇〇〜一九〇六）、『近現代韓日関係年表』も発刊して、各大学および研究機関などに配布することによって、日韓関係史のみならず東アジア史研究にも貢献した。

三つ目に、共同研究の支援システムが円滑に作動した点である。教育人的資源部と外交通商部などが物心両面で支援してくれた。韓国側の支援委員会は快適な研究環境を用意したのみならず、両国の共同研究成果物（報告書）を出版して、政府および関連機関・研究団体・国会・大学・図書館・教科書出版社と関連機関などに配布した。合計六冊の四〇〇セットだった。また、それをインターネット（外交通商部・教育人的資源部・韓国教育学術情報院・韓国文化交流センターなど）に公開して広く活用できるようにした。

四つ目に、韓国側の委員会は「歴史教科書の執筆基準」（教育部告示、歴史科改正教育課程、二〇〇七・二・二八）を作成するのに参照できるように、「報告書」にもとづいて意見をまとめて提出した点である（二〇〇八・八・二二）。これは研究成果を教科書執筆などに参照できるようにする、という委員会の設立趣旨に符合する行動であった。日本側もこれに合わせた適切な措置をとるならば、日韓歴史共同研究委員会が名実ともに日韓の歴史認識の対立を克服するのに寄与できたという評価を受けたはずである。

第7章

第二期日韓歴史共同研究委員会

歴史教科書問題を受けて再開

委員会再開の経緯

二〇〇五年は解放六〇周年、日韓条約四〇周年、一九〇五年の乙巳条約一〇〇周年に当たる年として、屈折の多い日韓関係史の節目の年であった。両国政府はこのことを考慮して、歴史認識の差をのりこえ未来志向的な日韓関係構築のために、多様な行事を企画し推進しようとした。二〇〇五年を「日韓友情の年」と宣言したのである。

しかし、日本で歴史認識の対立を煽る言動が相次ぎ、その期待はすぐさま水泡に帰することになった。文部科学大臣は二〇〇四年一一月と二〇〇五年一月、日本の歴史教科書からいわゆる従軍慰安婦や強制連行という用語が減少したことは良い結果だった、という趣旨の発言をしたのである。彼は日本軍「慰安婦」問題と強制連行などを、教科書の記述から除去する運動を繰り広げてきた「日本の前途と歴史教育を考える議員の会」の座長だった人物である。そこに島根県は二月二二日を「竹島の日」と規定した条例を制定することになった。また文部科学省は二〇〇五年四月五日、四年前に日韓歴史認識の対立の一つになった中学校用『新しい歴史教科書』の検定合格を発表した。それとともに、今回の検定は学習指導要領および「近隣諸国条項」にもとづいて厳正に実施された、出版社の自主的な記述であり政府は関与できないなどの理由を述べている。

韓国政府は、すでに日本政府の竹島（独島）領有権の主張と歴史教科書検定などを注視してきていた。韓国政府は日本の動向が期待にはずれたと判断し、「日本歴史教科書歪曲対策班」を組織した（二〇〇五・三・一一）。国家安全保障会議（NSC）常任議長の名前で、対日ドクトリンも発表した（三・一七）。ここに含まれた「日韓関係四大基調および対応原則五か条」にもとづいて、盧武鉉大統領が直接「韓日関係に関連した国民向けの文章」という特別談話を発表し、日本と外交戦争・歴史戦争も辞さないとする強固な意思を表明したのである（三・二三）。そして汎政府機構として「東北アジアの平和のための正しい歴史鼎立企画団」を設置することになった（三・三〇）。

文部科学省による歴史教科書の検定結果は、強硬対応を掲げていた韓国政府をさらに刺激する格好になった。韓国政府は、専門家たちにより検定合格本の内容を精密に分析するようにし、外交通商部のスポークスマンは抗議声明を発表した（四・五）。そして非公式に日本政府を相手に歪曲された事項についての是正を要求したのである（六・一五）。歴史学界と市民団体も立ち上がった。彼らは『新しい歴史教科書』の内容について逐一反論して、この教科書の不採択運動を展開した（四・六〜八・三一）。日本の一部の歴史学会と市民団体も彼らと連帯して活動した。

日韓関係が、歴史問題によって再び険悪になると、盧武鉉大統領と小泉純一郎首相は首脳会談の場で、「日韓歴史共同研究委員会」を再開することで合意した（六・二〇）。すなわち第二期委員会を設置して運用することになったのである。今回は、傘下に「教科書小グループ」を新設して、研究結果を両国の教科書編纂過程の参考にする、という意思を盛り込んだ。両国政府は、第一期委員会スタート時よりもっと積極的な姿勢に出た。ひとまず大きな火は鎮静化させようという心理が作用したことと思われる。

委員会の基本目標

第二期委員会は第一期委員会の経験にもとづいて設置され、運営された。そのために、ここでは第一期委員会と重複する内容については説明を省き、核心的な事項だけを簡単に言及することにしたい。

一つ目に、両国政府は第二期日韓歴史共同研究委員会の設立に関する外交協約を結んだ（一〇・二七）。それによれば委員会の目的は、日韓関係史の中で両国間に学説・解釈の差があるとみなされる分野について、両国の学者と専門家が共に調査・研究することによって、学説・歴史認識に共通点を導き出せるように努力する。それと同時に、差異点はそれとして正確に把握し、相互理解と認識の深化をめざすということであった。

二つ目に、第二期委員会は研究成果を整理して第一期委員会と同じく支援委員会に提出する。支援委員会は、両国政府および関連機関、国会議員、大学などを含めた研究機関、各図書館、教科書作成者、民間（各報道機関、日韓関係および歴史関連知識人など）などに、その研究成果をそれぞれの意思に合わせて活用できるように広く配布し周知させる。両国政府はこれを通じて、共同認識に到達した部分が教科書編纂過程の参考になるように、両国の教科書制度に従い努力する。教科書小グループを特別に設置したのもそのためである。また、インターネットで公開して日韓両国民間の相互理解が深められるようにする。

外交協約の内容によれば、計画段階では第二期委員会の目標が、第一期委員会より歴史教科書問題に少し軸足を置いたとみられる。もちろん目標どおりに実行されたかどうかを確認するためには、委員会の活動と研究結果を待たなければならないだろう。

難航した委員の選出と活動

委員会の構成

まず第二期委員会の設立に関する外交協約にもとづいて、委員会の構成と活動の枠組みについて述べよう。

日韓両国で若い学者を含めた歴史学者を中心に、それぞれ一〇〜一五人程度の民間人（専門家・学者・教師など）で委員会を構成する。必要に応じて両国の協議をへて研究委員の数を増減できる。両国の委員長は歴史をはじめとする幅広い分野に見識を備えた人物に委嘱する。必要に応じて古代・中近世・近現代・教科書小グループなどの分科会（第二期では「分科」ではなく「分科会」と呼称している—訳者）を設置する。

委員会は隔月一回ほど会合をもち、二年を目標に研究成果を整理することにした。日韓合同会議の頻度は必要によってそのつど調整することにして、研究成果の発表後にも必要に応じて随時、合同会議を開催する。日韓合同会議の結果は、両国研究委員間の協議によって適切な方法で整理する。共同研究と関連したシンポジウムを随時開催し、第三の国々の知識人を参加させることができるとした。共同研究の作業の進捗状況を元にして、その成果を整理するものの、論文の作成に関する具体的形式についてはそれぞれの分科委員会ごとに研究委員間の協議をとおして決定する、としている。

支援委員会は両国間の歴史関連事業の有機的な連携と統一を推進する一方、個別事業の円滑な進行を支援する。とくに日韓歴史共同研究委員会、歴史学者の交流、学術研究およびさまざまな交流を支援する。ただし、それぞれの活動に直接関与はしないこととした。支援委員会の構成は第一期とほぼ同一だが、関係部署間の調整を通じて民間知識人（委員会委員長を含めて三〜

四人程度）から選ぶのである。研究委員会と支援委員会の事務局も第一期委員会とほぼ類似していた。

以上の規定により韓国側は、第二期委員会委員を任命した（二〇〇五・一二・二七）。教育部は公正性と専門性を確保するために、歴史学関連学会と学科（大学の歴史学、歴史教育科）に文書を送り、自薦・他薦で適任者を受け付けたが、その数は一〇〇人あまりに達した。その中で専門家などの協議をへて一六人に研究委員を委嘱することにした。第一分科会（古代）三人、第二分科会（中近世）三人、第三分科会（近現代）四人、教科書小グループ六人であった。委員長としては、別途に高麗大学校の趙 珖《チョウ・グァン》教授を任命することにした。彼は、総幹事に研究委員の中から筆者を指名した。

韓国側は、第一期委員会と同じく韓国内で共同研究者を選び、古代に一三人、中近世に一二人、近現代に二〇人、教科書小グループに二一人、のべ六六人を委嘱することにした。ほかに委員長の特設課題に関して六人を割り当てた。一方、日本側の委員会の立ち上げは、予定よりも遅れることになった。ここで韓国側の教科書小グループは、準備の一環として二〇〇七年度日本の高校歴史教科書の検定合格本を分析して、その結果を韓国側の委員会に提出している（二〇〇七・一二）。

第二期委員会は本来、二〇〇六年四〜六月中にスタートする予定であった。しかし、二〇〇六年にも独島（竹島）領有権の問題、小泉首相の靖国神社参拝などをめぐって、日韓の間に緊張が高まり順調に進められなかったのである。さらに日本で小泉内閣に続き、保守的性格がよりいっそう強い安倍晋三内閣がスタートしたことも影響した。安倍首相は日本側委員長として内定していた人を交替させるなど、委員の人選に積極的に介入した。そうして日本側の委員は難航を重ねたあげく二〇〇七年四月になってようやく選任されたのである。韓国側より一年半も遅れることになった。委員長は鳥海靖東京大学名誉教授、総幹事に原田環広島県立大学教授が就任した。このような迂余曲折をへて第二期日韓歴史共同研究委員会は、二〇〇七年六月二三日、東京で発足会を兼ねた第一次全体合同会議が開催されることになった。

委員会の活動

第一回全体合同会議では、のべ二四の共同研究テーマを選定している。それを分科会別に提示すれば**表4**のようになる。

第一次全体合同会議で研究テーマを選定した後、委員会は本格的な活動に入った。日韓の委員の中には第一期経験者が三分の一ほどいて、その時に経験した進め方を活かして委員会を運営した。活動期間は日本側の要求で六カ月間延長され、結局二年半に及んだ。その間に開催したさまざまな会議などを概観すれば**表5**のとおりである。

表4　第2期日韓歴史共同研究委員会の分科会別共同研究テーマ

<table>
<tr><th colspan="2">分科</th><th>研究テーマ</th></tr>
<tr><td colspan="2">第1分科会
古代</td><td>①古代日韓関係の成立
②古代王権の成長と日韓関係
③古代東アジア国際秩序の再編と日韓関係</td></tr>
<tr><td colspan="2" rowspan="3">第2分科会
中近世</td><td>①14〜15世紀東アジア海域世界と日韓関係（倭寇の構成問題を含む）</td></tr>
<tr><td>②東アジア世界と文禄・慶長の役（国際関係と原因問題を含む）</td></tr>
<tr><td>③17〜18世紀東アジア世界と日韓関係（通信使と倭館の意味を含む）</td></tr>
<tr><td rowspan="4">第3分科会
近現代</td><td>日韓近代国家の樹立過程と相互関係</td><td>①主権と独立
②権力と国民</td></tr>
<tr><td>植民地期朝鮮と日本の社会変動</td><td>③支配体制とイデオロギー
④近代化
⑤戦時体制</td></tr>
<tr><td>第2次世界大戦以後の日韓関係の形成と変化</td><td>⑥経済
⑦外交
⑧大衆文化</td></tr>
<tr><td>女性と人の移動</td><td>⑨女性の社会進出に対する日韓相互比較
⑩人の移動に対する日韓相互比較</td></tr>
<tr><td rowspan="3">教科書
小グループ</td><td>教科書の理念</td><td>①教科書と近代・近代性1
②教科書と近代・近代性2</td></tr>
<tr><td>教科書の編纂</td><td>③教科書編纂制度の変遷
④教科書問題の史的展開</td></tr>
<tr><td>教科書の記述</td><td>⑤教科書にあらわれた戦争
⑥教科書にあらわれた近代法の秩序と国家
⑦教科書にあらわれた現代・現代史
⑧教科書にあらわれた民族・民族運動</td></tr>
</table>

表5　第2期日韓歴史共同研究委員会の活動状況

区分	回数	会議の内容
全体合同会議	5	委員会運営全般について協議した。原則的に2年の活動期間中に研究報告書を作成することに決めたが、研究の充実を期するために6カ月間を延長することに調整した。分科会の名称を定め、対外発表の窓口として委員長または総幹事を指名した。 研究報告書の作成方法および形態を議論した。 ・研究委員の論文を中心に報告書を作成するが、具体的形式は各分科会で選択する。 ・共同研究者はそれぞれ自国人で委嘱する。 ・「共同研究報告書」を2009年12月までに提出する（正式報告書は2010年2月に提出する）。 ・合同シンポジウムを2008.12.19～20に、東京で開催することで合意した（総合報告または個別報告の形式をとるものの、委員および関係者のみ参加する非公開会議にする）。
委員長会議（両国の委員長と総幹事参加）	8	事前に委員の意見を取りまとめて委員会運営全般について協議した（委員会の活動期限、全体会議の日程、シンポジウム、編集会議の設置、各分科会の懸案の点検および議論など）。
分科会合同会議	53	共同研究テーマの確定、共同研究の推進、発表と討論、報告書の作成などを議論して実行した（古代17回、中近世14回、近現代14回、教科書小グループ12回）。
共同報告書編集会議	2	共同報告書づくりの体制と内容などを議論して実行を点検した。
全体共同研究発表会	1	2008.12.19～20にホテルニューオオタニ（東京）で開催した。参席者は韓国側が委員長・委員など関係者22人、日本側が委員長・委員など関係者20人だった。委員または各分科会の幹事が研究テーマ別要旨について報告・討論した。両側が対立していた近現代分科会と教科書小グループ所属の日本側委員の出席が低調だった。さらに短い時間内に多くのテーマの報告があり、実りのある討論にならなかった。日本側の委員が韓国側と事前合意なしに教科書小グループ以外の分科会で教科書に言及しては絶対いけないという内容の声明を朗読し、韓国側の激しい反発を招いた。発表および討論は公開しなかった。

韓国側は、日本側との合同会議のほかに、独自の内部会議も頻繁に開催した。研究委員と事務局幹部が参加する全体会議を四〇回あまり、運営委員会を七〇回あまり、各分科会議などをのべ一四〇回あまりおこなった。研究の円滑な推進と意見調整のために内部のワークショップ四回、調査および現地調査も一回実施している。

反発しあう両国委員

「日韓歴史共同研究報告書」の作成

第二期委員会は二〇〇九年一二月、活動を終了し、七冊に達する膨大な報告書を作成した。第一期委員会と同じく両国の関連機関ホームページに報告書の全文を登載して、関心がある人なら誰でも閲覧できるようにした。各巻には日韓両国の委員と共同研究員が執筆した論文、研究史、史料解題、座談会の記録、批評文、執筆者の返答、研究活動の記録、研究後の感想などを、各分科会の特色を生かして載せてある。各巻に載せられた論文の題名を紹介すれば**表6**のとおりである。

表6　第2期日韓歴史共同研究委員会の研究成果

区分		著者と論文の題名
1巻	第1分科会	・趙法鍾「古代韓日関係の成立―弥生文化の主体問題についての検討―」 ・濱田耕策「古代日韓関係の成立―地域間の交流から古代国家の関係へ―」 ・金泰植「古代王権の成長と韓日関係―任那問題を含んで」 ・森公章・濱田耕策「古代王権の成長と日韓関係―4～6世紀―」 ・盧泰敦「古代東アジア国際秩序の再編と韓日関係―7～9世紀―」 ・坂上康俊・森公章「古代東アジア国際秩序の再編と日韓関係―7～9世紀―」
2巻	第2分科会〔韓国編〕	・孫承喆「14～15世紀の東アジア海域世界と韓日関係―倭寇の構成問題を含む―」 ・李啓煌「韓国と日本学界の壬辰倭乱原因論について」 ・韓明基「17～18世紀の東アジア世界と韓日関係―倭館問題をめぐる対日認識を中心に―」 ・李在範「高麗前期韓日関係史研究現況」 ・金普漢「韓国内の倭寇研究の学術史的検討」 ・韓文鍾「朝鮮前期韓日関係史研究の現況と課題―2000年～2007年の研究成果を中心に―」 ・盧永九「壬辰倭乱の学説史的検討」
3巻	第2分科会〔日本編〕	・佐伯弘次「14～15世紀東アジア海域世界と日韓関係」 ・桑野栄治「東アジア世界と文禄・慶長の役―朝鮮・琉球・日本における対明外交儀礼の観点から―」 ・須川英徳「17～18世紀の東アジア世界と日韓関係―グローバルヒストリーとの接続―」 ・森平雅彦「10世紀～13世紀前半における日麗関係史の諸問題―日本語による研究成果を中心に―」 ・中田稔「日本における倭寇研究の学説史的検討」 ・荒木和憲「16世紀日朝交流史研究の学説史的検討」

		・中野等「文禄・慶長の役研究の学説史的検討」 ・山口華代「日本における倭館研究の動向」
4巻	第3分科会	・朱鎮五「19世紀末朝鮮の自主と独立」 ・原田環「大韓国国制と第2次日韓協約反対運動—大韓帝国の国のあり方—」 ・趙誠倫「開港初期ソウル地域民衆の近代的国民意識形成過程と反日意識」 ・月脚達彦「近代朝鮮における国民国家創出と立憲君主制論」 ・柳承烈「日帝下朝鮮統治勢力の支配イデオロギー操作と強制」 ・岡本真希子「朝鮮総督府官僚の民族構成に関する基礎的研究—民族問題と民族格差の内包—」 ・鄭泰憲「植民地資本主義の実体と歴史的性格」 ・山田寛人「植民地朝鮮における近代化と日本語教育」 ・鄭惠瓊「送出過程を中心に見た戦時体制期朝鮮人の国外労務動員の性格」 ・有馬学「1930〜40年代の日本における文化表象の中の〈朝鮮人〉—映像史料を手がかりとして—」
5巻	第3分科会	・許英蘭「解放以後植民地法律の整理と脱植民化—『旧法令』整理事業と市場関係法令の改編を中心に—」 ・吉岡英美「日韓経済関係の新展開—2000年代の構造変化を中心に—」 ・李碩祐「連合国最高司令部、サンフランシスコ平和条約、そして韓日外交関係の構築」 ・木宮正史「日韓国交正常化交渉における請求権問題再考」 ・李盛煥「植民地の記憶と日本大衆文化の流入、そして韓日関係」 ・山中千恵「『たかがマンガ』を通して見える日韓社会とは」 ・河棕文「日本本土居住の朝鮮人の生活と『動員』」 ・大西裕「帝国の形成・解体と住民管理」

		・梁鉉娥「植民地時期韓国家族法から見た家父長制の国家制度化と『慣習』問題」 ・春木育美「近代日本と朝鮮の良妻賢母主義」
6巻	教科書 小グループ	・鄭在貞「韓国と日本の歴史教科書に描かれた近代の肖像―『15年戦争』と『植民地朝鮮』―」 ・鄭鎭星「韓日近代史叙述のジェンダー偏向性の比較研究」 ・山内昌之・古田博司「近代日本の東アジア共通文化論の軌跡―アジア主義と世界史教科書―」 ・李讚熙「韓日歴史教科書の編纂制度の変遷」 ・山室建德「教科書編纂から見た歴史教育―日本の国定教科書と戦後検定教科書の場合―」 ・永島広紀「朝鮮総督府学務局による歴史教科書編纂と『国史／朝鮮史』教育―小田省吾から中村栄孝、そして申奭鎬へ―」 ・辛珠柏「韓日歴史教科書問題の史的展開（1945年～現在）―1982年と2001年の展開様相を中心に―」 ・井手弘人・福嶋寛之・石田雅春「戦後の日韓における教科書問題をめぐる教育政策・教育学の諸相」
7巻	教科書 小グループ	・玄明喆「日本の歴史教科書に表れた戦争観」 ・太田秀春「前近代の日韓関係と対外戦争―『朝鮮の役』の諸問題―」 ・金度亨「韓日歴史教科書の『近代韓日関係と条約』の叙述」 ・木村幹「日韓両国における歴史観と近代、そして近代的法秩序」 ・辛珠柏「韓日の中学校歴史教科書に記述された現代・現代史叙述の変化（1945年～現在）」 ・重村智計・飯村友紀「日韓相互 Orientalism の克服―現代史の記述ぶり分析―」 ・延敏洙「日本歴史教科書の古代史叙述体系と民族・天皇問題」 ・井上直樹「韓国・日本の歴史教科書の古代史記述―問題点とその変遷―」

共同研究の争点

第二期委員会は歴史教科書の内容とは関連のない領域まで幅広く、多くのテーマを選定したうえに、第一期委員会の際に一応は手を付けた争点となるテーマが含まれていたので、新たな論争は少なかった。各分科会で議論となった内容をまとめればつぎのとおりである。

古代

双方の研究者が古代日韓関係史を、時期別に分けて概説書形式で執筆するかたちをとった。そのために、一般の人などが両国の古代史の流れを簡潔に把握できる長所はあるものの、論点は明確に示されにくかった。日韓の委員が古代日韓関係史をどのようなあらすじで構成しているのかを理解するのには便利である。

双方は、第一期の際に議論になった「任那日本府」をめぐって論争した。日本側は伽耶地域に居住する倭人集団という説を出した反面、韓国側は安羅国に設置した倭の外務施設という説を出した。また日本側は、新羅律令の存在を否定した反面、韓国側はその存在を認めた。韓国側の委員が論文で日本の歴史教科書の内容を言及したことに対し、日本側の教科書小グループ委員たちが教科書小グループ以外の分科会で教科書について言及したことに対して強く反発した。

中近世

日本側が前期倭寇に朝鮮人が含まれていたという第一期委員会の際の主張を撤回して、日本の三島民が倭寇の主体だと確認した。第一期委員会の際、中近世分科は日韓の委員間の対立が激しかったが、今回は非常に円満に運営され、最もはやく発表会と討論会を終了し報告書作成に突入した。委員間の相互信頼と協力が共同研究の鍵であることを示してくれた事例といえる。

近現代

テーマを広範囲かつ多様に設定して争点を取り上げるのが当初から難しかった。日韓双方が、共同研究者と研究協力者を多く委嘱したので、発表と討論を進めるのにも困難をともなった。日本側の研究協力者が事前に合意なしに独島（竹島）領有権問題を扱った論文を提出し韓国側が激しく反発するなど、運営は順調ではなかった。なお日本側の委員が、朝鮮王朝を「李氏朝鮮」と呼んで韓国側の批判を受けた。韓国側の委員が論文の序文に、日本の歴史教科書内容を簡単に言及したことに対し、日本側の委員が削除を要求して合同会議が決裂したこともある。

教科書小グループ

両国の歴史教科書内容を合わせて分析・討論し、第一期委員会より進展した様相をみせた。しかし、共同研究テーマがあまりにも抽象的で、論文の方向が互いにくいちがう場合がしばしば生じた。韓国側は日韓の教科書を合わせて検討し相互の比較をしたが、日本側は自国の歴史教科書はいっさい扱わずに韓国史教科書だけを検討した。教科書問題を虚心坦懐に議論するには、まだ互いに誤解と偏見という厚い壁があるとの印象を与えた。

進まなかった教科書の検討

試行錯誤に対する反省

第二期委員会は数多くの業績を出したにもかかわらず、活動が終了してから振り返ってみると、テーマの選定や共同研究の進行過程でいろいろな欠陥があったように思われる。これは歴史問題を議論する日韓の委員会としては、抱え込むしかない宿命的な限界とも考えられる。その中からいくつかの限界点を指摘しておけばつぎのとおりである。

一つ目に、共同研究のテーマ選定と研究方法の問題である。第二期委員会は第一期委員会とは違って、分科会別に多様な課題接近をおこなった。古代分科会は日韓古代史に対する教養書を書くことに目的を置いて、同じテーマを双方がそれぞれの観点から執筆することにした。したがって共同研究報告書は、三～九世紀の日韓関係史を両国の学者が一緒に書いた概説書の形式となった。今まで日韓両国でこのようなかたちの通史がなかったことを考慮すれば、試してみる価値ある作業だったといえる。そして一般読者にも、日韓の委員が同時期の日韓関係史をどのように語るのかを示してくれる長所をもっていた。

中近世分科会は倭寇、壬辰倭乱、朝鮮通信使を研究テーマとして、第一期できちんと扱うことができなかった争点を深く研究する方向を選んだ。それは共同研究本来の趣旨を生かした方向だったといえる。

一方、近現代分科会は開港期、植民地期、解放（終戦）以後に分けて、日韓関係史全般を扱った。掲げたテーマも包括的かつ抽象的だったので、同一テーマについてそれぞれ数多くの論文を執筆することになった。しかし、日韓両国の論点を鮮明に描き出すことは難しかった。歴史教科書問題を契機にスタートした共同研究機構でなく、一般的な学際の共同研究で扱うほどのテーマだったといえる。日本側の研究協力者が独島（竹島）領有権問題を扱った論文を作成して発表すると言い出すと、韓国側は事前に協議したテーマではないので拒否したことも、テーマ選定が円滑におこなわれなかったことを示す例であろう。

教科書小グループは、教科書編纂の制度、理念、記述内容などに分けてテーマを選定した。ここでもテーマが包括する範囲が広くて、実際に論文を執筆する過程で互いに論旨がはずれる場合があった。日本側が教科書内容の検討を強固に拒否して、会議が相当に遅滞した。さらに日本側が自国の歴史教科書は検討せずに論文を提出したことは、韓国側との公平さの原則にはずれていたといえる。

二つ目に、委員会の活動状況、とくにさまざまな会議の内容は第一期委員会と同じく公開しないことを原則に据えた。必要な場合、委員長と総幹事が相手の同意を得て公表できるということで合意した。しかし、ある日本側の委員が約束を破って、右派の大衆雑誌に委員会の進捗状況を公表して物議を醸した。しかも韓国史と韓国側の委員を批判する内容であった。当然、韓国側は日本側の約束違反を追及したのである。結局、日本側の委員長の陳謝で事態は収拾がつく方向で進んだが、該当分科会の活動は遅延し、委員相互間の不信を高める結果をもたらすことになった。

日韓歴史共同研究委員会は、両国国民の税金で運営されて、国民の関心事である歴史認識を扱っている。にもかかわらず、この委員会が非公開で運営されたということは道理に合わない。それでも日本側が強く非公開を要求したために、韓国側もやむをえずこれに同意したのである。両国とも国内で歴史認識をめぐって保革・左右の陣営間に対立が激しい事情を考慮すれば、双方とも共同研究が進行される間だけでも、学界と世論からの批判や干渉を受けたくないという気持ちも理解できないわけでもない。それなら、双方がようやく合意した非公開という事項を守ることも理にかなっていることと思われる。

三つ目に、共同研究と教科書の記述を相互に関連させて議論できなかった点である。今回の共同研究の目標の重要な一つは、歴史教科書の記述を支援することであった。したがって、どのようなテーマを研究しようと、現在使用されている教科書にどのように記述されているかを検討し、改善の方向を提示するのはあまりにも当然のことであろう。それでも日本側は、終始一貫して教科書小グループ以外では、教科書の「きょう」の字も言及してはいけないようにかたくなでありつづけた。これは委員会の活動を規定した両国の外交協約にも違反する対応だと、韓国側が抗議したが受け入れられなかった。第二期委員会は、このような問題をめぐって余計な論争のために多くの時間を消耗した。共同研究に先立ち、日韓の委員が本委員会の目的と使命について認識を共有することが重要であることを、あらためて実感した経験であった。

四つ目に、全体共同研究の発表会も、研究の意図や進捗状況を点検すること以上の意味をもたなかった。また非公開で進められ、委員以外の専門家から批判を受ける回路が基本的には封印されていた。さらに一日に五〇編あまりの論文を発表し討論すること自体が、当初から無理なことであった。それでも日本側が、事前に韓国側と合意していなかった声明書を朗読し、それに対して韓国側が強く反発するなどの出来事があり、進め方においても波乱含みの状況を体験した。

五つ目に、共同研究者や研究協力者が非常に多いうえに、委員と共同研究者、または研究協力者の研究に差異がみられなかった。第二期委員会も、また多くの成果を上げたい欲求のために、共同研究のテーマをあまりにも多く設定しすぎた感がある。委員の数をはるかに超える多くの研究テーマを抱えて取り組むことになった。その結果、共同研究員または研究協力者を多数委嘱するしかなかった。彼らの論文も同じく「報告書」に載せなければならないのために、無理に発表と討論を進める場合が多かった。共同研究のテーマを減らし、共同研究員や研究協力者は委員の研究を補佐する程度で調整することが、委員会の信頼を高め特色を生かすのに役立つと思う。共同研究の範囲と分量を減らし、研究が少ない分野は共同研究を再開して少しずつ解明していくのが望ましいだろう。

委員会活動の評価

第二期委員会は、第一期委員会の経験を元にしたために、より円滑に運営すべきであった。しかし、開始当初から順調に進められなかった。安倍政権に移行し、自身と同じ傾向の歴史認識をもつ委員を委嘱しようとし、人選が難航したためである。また、そのような理由により参加してきた委員は、委員会の運営方法にしばしば問題提起をしたのである。日本側は、韓国側の委員の中に日本の歴史教科書批判運動に深く加担した研究者が入っていると、疑惑の視線を送った。そのようなこともあり、各会議が円満に進行されるはずはなかった。国家間の共同研究において、相互信頼がいかに重要かを示す証拠であった。

それにもかかわらず、第二期委員会が歴史対話の枠組みを備えて、争点についてある程度の共通点と差異点を導き出しえたことは、少なくない成果だといえる。とくに教科書小グループを設置して、両国の歴史教科書を共に取り上げて討論できたのは、これからの教科書の改善に役立つことであろう。

今後、日韓歴史共同研究委員会を再開するとすれば、事前に両国が意見をやりとりして委員とテーマの選定を調整する必要がある。事前の準備作業をとおして委員相互間に信頼と尊重をもつ状況の中で共同研究を進めるとしたら、事ごとに牽制と対立が起きることは避けられるはずである。

それでも望まれる会の継続

歴史認識の対立の緩和装置

韓国と日本政府が歴史対立の火を消すために、二回も日韓歴史共同研究委員会を設置して運営したにもかかわらず、二〇一五年一月現在でも、依然として日韓の歴史認識をめぐる反目と対立は続いている。その様相は深刻で、両国の首脳会談さえ開かれず、国民の間でも嫌悪と不信が深まっている。その責任の大部分は両国の政治家にある。日本の安倍首相が侵略と支配に対するお詫びと反省を後退させ変えようとする言動を示し、韓国の朴大統領はそれを容認できないと強く反発する姿勢をとっているからである。日本側の言動が対立の原因となっているので、責任の源泉は日本側にあるが、それに未熟に対応した韓国側にも一定の責任があるといえる。そして、二〇一五年に日韓国交正常化五〇周年を迎えるのに日韓関係が最悪の状況に陥っているのは、結局どちらにも有益にならないとても不幸なことである。

韓国と日本はどうすれば、この行き詰まりから脱出できるのか。両国の首脳が、直接会って歴史問題に関して虚心坦懐に議論し、克服のための対策を提示することが近道だろう。しかし国民世論が、すでに歴史問題に絡めとられている状況なので、そのような決断を下すのは容易でないだろう。両国に何か重大な契機が訪れないかぎり、歴史が政治に従属し、また政治が歴史から抜け出すことができないもどかしい局面は続くであろう。そのために苦肉の策であるが、日韓歴史共同研究委員会をもう一度、局面転換のカードで開催する必要がある。ひとまず政治から歴史を分離し、歴史はそれを専業とする研究者・教育者にまかせるのである。

多くの人々は二回も日韓歴史共同研究委員会を実施してみても、効果がなかったのではないかと反論するだろう。日韓歴史共同研究委員会が、歴史対立を防ぐのにはすぐには役立たなかったかもしれないが、今日のような閉塞状況から抜け出すためには、委員会の再開が最も容易な方法と考える。歴史問題が、五年半の間でおこなわれた二回の共同研究程度で解決できる性質のものであったならば、当初からこの問題は発生もしなかったであろう。ヨーロッパでドイツとフランスが歴史和解を成し遂げるのに七〇年もかかり、ドイツとポーランドが歴史対立をあいまいに縫合するのに四〇年もかかっている。その歳月の間、両国の研究者・教育者は、政府が支援する共同研究、すなわち歴史対話を継続させてきたのである。

そもそも歴史問題は複雑で難しいものである。国家と国民のアイデンティティに関わる問題であるからである。また、登山のように頂上に一度登ったとしても、成し遂げたことにはならない。歴史対立はいつでも発生するし、一度発生すれば用心深く取り扱わなければならない、まるで腫れ物のような存在である。間違ってさわると膨れ上がって化膿する。

腫れ物のような疾病は、どのように治癒すればよいのか。考えるに、三つの方法があるだろう。一番目は、病因療法だ。腫れ物の根元を除去することである。すなわち手術で完治できる。二番目は、対症療法である。腫れ上がって熱が出て我慢できない時は、まず解熱剤を飲んで鎮めてから治療方法を探さなければならない。三番目は、生活療法である。日頃、体を清潔にして丈夫にし、腫れ物ができないようにしなければならない。つまり、免疫力を高める方法である。

日韓歴史共同研究委員会は、運営によっては三つの療法に沿って機能することができる。韓国と日本が歴史認識の対立で相互の怒りが高揚している今こそ、その対症療法で委員会を稼働すれば熱気を冷ますことができる。そして歴史対立の根源になる事案を共同で研究して、共に理解することによって病巣を除去できる。すなわち病因療法を展開できると思われる。当然、時間がかかるであろう。だから忍耐強く、少しずつ接近しなければならない。また、その成果を広く両国民が共有できれば、歴史認識の対立に簡単には巻き込まれることもないであろう。委員会は、生活療法の機能も果たすことができる。身体が丈夫になって免疫力が高まるように、歴史意識が高まれば、反知性的な政治家や言論人などの宣伝・扇動に簡単に呑まれることもなくなるだろう。日韓歴史共同研究委員会は、こういう役割が果たせるのである。両国政府としては正に「不敢請固所願」（表面には出さないが心の中で願うこと・孟子—訳者）ではないのか。志のある歴史研究者と教育者を支援して導くだけで十分である。

歴史和解の土台の役割

第一・二期日韓歴史共同研究委員会は、両国民の期待に応えられなかった。委員会が短い期間にあまりにもたくさんの課題を遂行しようとして、結局消化不良になり、望ましい成果を生み出すことができなかった。今後、この委員会が再び出帆すれば、物量攻勢のように論文を大量生産することに重点を置かずに、どうすれば歴史和解を成し遂げられるのかを真摯に悩み、その糸口をみつけなければならないであろう。

ヨーロッパの例のように、過去に敵対国であった国の間の歴史対話は、各国の標準化された歴史認識が含まれた歴史教科書を話題とすることが普通である。日韓歴史共同研究委員会も学説上の争点に関する学問的研究を掲げるとしても、歴史教科書の内容を相互理解と和解の方向で改善するところにも気配りする必要があろう。

歴史和解にいたる方法はさまざまな道筋があるだろう。共同研究の成果にもとづいて「教科書勧告案」を作成するのも一つの方法だろう。ドイツとフランス、ドイツとポーランドが採用した手法である。また、共同研究の一環として概説書を執筆する方法もある。歴史教科書に至らなくても、歴史共通教材を作成するのである。これもドイツとフランス、ドイツとポーランドが試みた事業である。

韓国と日本でも民間人同士が、自発的にいくつかの歴史共通教材を作成した事例がある。政府が支援する委員会がこれを作成すればその権威と信頼が高まり、普及と活用もより活発になるだろう。このような作業が成果をあげれば、部分的にでも学校教育で共に使える歴史教科書をつくる作業に入ることも可能であろう。対立、論争が多い部分は後まわしにし、意見が一致しやすい部分から始めてもよいであろう。

何ごとも一匙で腹いっぱいにはなれないように、日韓歴史共同研究委員会の場合もそうである。日韓の歴史対立が日常化されてしまった今こそ、とりあえず委員会を再び稼動させ、結果のいかんにかかわらず、やるべきことをやり、うまく進むように支援しながら見守るのがよいだろう。そうしてこそ少しでも成果があがるし、それを活用することもできるのではないだろうか。大局的・戦略的観点からみても、この方法が両国の国益を共に向上させ、東北アジアに平和を定着させるのに役立つと思う。

委員会の改善方向

第一・二期日韓歴史共同研究委員会の評価と反省を通じて、私たちは多くの教訓と知恵を得ることができた。これを土台にして類似した委員会の構成と運営について、いくつかの改善事項を提示すればつぎのようである。

一つ目に、過度の欲を避ける。これまでの二回の研究会はあまりにも広い領域と多くのテーマを設けて取り組んだ。その結果、研究成果は膨大になったかもしれないが、焦点がはずれたのである。これからは論争になるいくつかのテーマに限定し共同研究を展開させた方がよいであろう。そうすれば委員会の組織体も軽くなり、懸案に対してより速かに対応できると考える。不足する箇所は、委員会を再開して補完することもできる。

二つ目に、交流と協力、理解と共益の側面も研究することである。韓国と日本は、争いを繰り返してきただけではない。二〇〇〇年の相互関係の中で、互いに影響を与えて自身の文明を建設してきたのである。その過程で、相互理解のための共通分母にあたる部分の経験もたくさん蓄積してきた。共同研究では、この点を重視しなければならないと思う。このような事例を発掘して紹介することは、韓国と日本が共同で未来を建設していくために重要な羅針盤になるであろう。

三つ目に、現代日韓関係について研究することである。韓国と日本の歴史教科書は、近代の日韓関係史（一九世紀中盤〜二〇世紀中盤）については比較的くわしく記述するが、現代日韓関係史（二〇世紀中盤〜二一世紀初期）についてはほとんど言及していない。したがって、韓国と日本の子どもたちや国民は日韓関係史について非常に狭く、歪んだ認識をもっている。これを是正するためには、両国が切磋琢磨して、対等な地位まで登るようになってきた現代日韓関係史を正しく研究し、教えなければならないと考える。

四つ目に、公平かつバランスのとれた史観をもつ研究委員を選定すべきである。共同研究の成否は研究委員の資質と性格により左右される。二回の共同研究がそれほど成功しなかったのは研究委員の構成に問題があったからである。したがって、世界史の観点から日韓関係史を眺望できて、バランスのとれた史観で、日韓関係の現在と未来を展望できる研究者と教育者を委員に選任する必要がある。日韓両国が互いに協議して委員を選任すれば、共同研究の過程で無用な摩擦と対決を減らすことができる。

五つ目に、共同研究の成果を広く伝えることである。二回の共同研究でもその成果を報告書とインターネットなどで公開したが、巷間に流布しなかったために、それを知る人は非常に少ない。これからは研究成果を書籍で刊行して販売する方法を導入しなければならない。そして研究成果を学校教育と教科書執筆などへ容易に参考にできるよう支援しなければならないであろう。メディアなどがそれを活用できるように支援することはいうまでもない。

六つ目に、少なくとも一〇年間は委員会を持続して、その研究成果を尊重することである。日韓間の共同研究はおよそ二〜三年程度おこなわれる。そうすると前政権の時に開始した研究会が、つぎの政権で終了することになりやすい。そうして研究会と研究成果は、つぎの政権ではあまり重視されない傾向がある。このような浪費をなくすための仕掛けをつくる必要がある。研究会を一〇年ほど常設化し、テーマによって委員を交替する制度を用意することも一つの方法である。そうすれば委員会と研究成果は政権の交替にあまり影響されず、どの政権でも有効に活用できるものになる。そのようにするためには、国民と世論および政治家たちが委員会の活動を信頼し、研究成果を尊重する雰囲気が醸成されるべきである。

終章

歴史和解のための提言

対立の強調から改善の評価へ

世界的視野からみると、韓国と日本は地理的・歴史的・文化的・人種的に非常に近い間柄といえる。そして今後も近い関係を維持していかなければいけない運命に置かれているといえる。隣国関係は垣根ごしの隣人関係とは異なり、互いに気に入らないからといってほかの場所へ引っ越すことはできない。日韓関係がそのような宿命ならば、両国が互いに理解・尊重して平和的に交流・協力することが共に利益につながる。まず両国民はもう少し度量を大きくした姿勢で、これを一つの摂理として受け入れなければならないと思う。

そのように考えると、両国が抱えている歴史対立は決して治療しにくい重傷とはいえない。むしろ治癒を通じて、よりいっそう健康な体質に変えることができる軽傷といえるであろう。韓国と日本は共に民主主義と市場経済を実現して、自由と人権などの価値観を共有していることを考慮すれば、歴史対立の克服は十分にやり遂げることができるのである。

韓国と日本が歴史対立を克服するためには、相手国の歴史認識だけを問題にして改善を求めていては困る。そして両国民は自らの歴史認識だけが正しいという固定観念から抜け出し、より柔軟かつ洗練された姿勢をみせるべきである。とくに国民の歴史認識形成に多大な影響を及ぼす政治指導者とメディア関係者、研究者などは、よりいっそう幅広い歴史観と世界観をもち、国民が排他的ナショナリズムないし国家主義に陥らないようにつねに注意を払わなければならない。長い間の経験からみて、韓国と日本の相手に対する歴史認識は、互いに共鳴できる特殊な関係に置かれている。日本の韓国認識が改善されれば、韓国の日本認識も改善され、韓国の日本認識が改善されれば、日本の韓国認識も改善される傾向を示してきたのである。それゆえに両国民はこのことを肝に銘じて、さきに相手に対する自己の歴史認識を改善することに努力することである。まさに、それが自身に対する相手国の歴史認識を改善するための近道なのである。

一九六五年の日韓国交正常化以後、今まで日本では有力な政治家による韓国の歴史を下にみ、歪曲する不適切な発言が相次ぎ、韓国国民のプライドを傷つけて、反日感情を呼び起こすことがしばしば発生した。ところが、大きな流れでみると、このような反目と対立の中でも、日本の歴代政府と国民の韓国に対する歴史認識は改善の道をたどってきたとみることができる。その大勢は両国政府と国民の歴史認識が接点にむけて収斂していく傾向があった。より厳密にいうと、部分的にだが日本側の歴史認識が韓国側の歴史認識に近づいているということだった。この点は歴代日本政府と首相が発表した歴史認識に関する談話などから確認することができる。

一九六五年の国交正常化当時でさえ、日本政府は植民地支配に対する謝罪と反省の意向を表明しなかった。一九八〇年代初めにも、中曽根首相は中国に対しては侵略戦争を認めながらも、韓国に対しては日韓の間に不幸な時期があったことを遺憾に思う、という言い方をもって曖昧に表現しただけであった。一九九〇年代に入って自民党の長期政権体制が崩れ、細川首相は創氏改名などを具体的に取り上げて植民地支配についてはじめて謝罪と反省の意を表明した。

その後、社会党が連立政権を組み、村山首相は閣議決定で、植民地支配を通じて多大なる損害と苦痛を与えたことに対して痛切な謝罪と反省の意向を表明した。しかしながら、この時のいわゆる「村山談話」は連立政権のパートナーである自民党の牽制もあって、アジア全体を対象にした包括的な言及であって、韓国を具体的に指名したものではなかった。植民地支配に対して日本を加害の主体へ、韓国を被害の客体に明示しながら、謝罪と反省の歴史認識を明確にあらわしたのは、一九九〇年代末の小渕恵三首相と金大中大統領の「日韓パートナーシップ宣言」であった。

このように植民地支配に対する日本政府と首相の歴史認識は、日韓国交正常化から三〇年ほどがすぎた一九九〇年代になって注目すべき変化を示したのである。国交正常化のために一四年間、論争をおこなった日韓会談でも、植民地支配に対する謝罪と反省は最も敏感なテーマであり、日韓条約でも共通の文案をつくり出せずに曖昧にした難題でもあった。このような事情を考慮すれば、日韓国交正常化以後三〇年が経過して、植民地支配について日本政府と首相の歴史認識が韓国の歴史認識に近づく傾向にあったことは注目しなければならない。このような大勢は二〇〇〇年代以後にも基本的には持続している。小泉純一郎首相は在任中に毎年靖国神社を参拝して韓国と歴史対立を起こしたが、ソウルの西大門刑務所の遺跡地を訪問して、「謝罪と反省」の歴史認識を継承するという意思を明確に示した。そうした歴史認識は小泉首相と金正日国防委員長が共に発表した「日朝平壌宣言」にもそのまま反映されている。

二〇一〇年は、日本の「韓国併合」から一〇〇年を迎える歴史的節目の年であった。民主党の菅直人首相は、これを契機に発表した声明で、韓国人の意思に反した植民地支配という表現を用いている。このことは間接的でありながら「韓国併合」が強制的におこなわれたというニュアンスが漂う発言であった。「韓国併合」とそれにもとづく植民地支配について、当初より韓国政府は不法・不当であったと主張し、日本政府は合法・正当であったと主張した。一九九〇年代に達して日本政府は合法・不当に旋回するような傾向を示したが、二〇一〇年になって、強制性を加えるような印象を与えたのである。民主党政権が国民の支持を急激に喪失して短命に終わったせいで、菅の談話は日本国民の間で急速に忘れ去られてしまったが、日本の首相の歴史認識が韓国側と共鳴したことを示す例であることに間違いない。

現在の安倍晋三首相は、日韓の間の険しい歴史対立の張本人と目されている。しかし安倍首相も、基本的には植民地支配に対する謝罪と反省の歴史認識から完全に逸脱したわけではない。彼は国会などでの答弁を通じて、自身は日本が侵略をしなかったと話したことがなく、植民地支配についても否定したことがないと釈明している。また安倍内閣は、村山談話と小泉談話を含めて歴代内閣の歴史認識を全体的に継承するという意を表明している。懸案として再び浮び上がった日本軍「慰安婦」問題についても、「河野談話」を翻意するつもりはないと明言している。安倍首相のこのような発言は韓国と中国の反発を緩和させる方便である可能性もあるが、日本政府の公式的な歴史認識であると確認することには無理がないだろう。

日本の普遍的な歴史認識の一端を示す歴史教科書の記述でも、改善の痕跡を探すことができる。日韓国交正常化当時と今の日本の歴史教科書の記述を比較すると、日韓関係史に対する記述が量的に増えたのみならず、質的にも注目すべき変化が起きている。とくに近代日本が江華島侵入以来のさまざまな事件を引き起こして朝鮮を侵略し、植民地化する過程、植民地支配でおこなわれた差別と抑圧、同化と動員、抵抗と弾圧などに関連した事項は実例をあげて記述している。また議論となっている日本軍「慰安婦」についても、大部分の高校日本史教科書が簡略ながらも言及している。一九九七年以後の数年間は七種の中学校歴史教科書のすべてが、日本軍「慰安婦」について一、二行の記述をしたことがある。

日本の歴史教科書が改善の道をたどるのは、一九八二年に発生した歴史教科書問題などがむしろよい契機となった。韓国と中国の強力な批判に直面した日本政府は、いわゆる「近隣諸国条項」を用意して教科書検定に参照するようにさせた。その骨子は、近隣アジア諸国と関連した近現代の歴史を記述する部分では、国際理解と国際協力の見地から必要な配慮をしなければならないというものである。ドイツはすでに一九五〇年代から近隣諸国の歴史認識を配慮しながら教科書を編纂してきた。日本の歴史教科書に対する国際社会の批判に対応する過程をへて、日本も一九八〇年代以後、近隣諸国の歴史認識に配慮しながら教科書を編纂する段階に進入したのである。

歴史認識の改善では、韓国と日本の民間レベルでの連帯活動も重要な役割を果たした。両国の歴史研究者と教育者の間で多様な歴史対話が展開した。その内容は報道機関と刊行物などをとおして、広く人々にも知られるようになった。韓国と日本で同時出版された歴史共通教材は六冊以上に達している。そして一定部分で韓国と日本は歴史認識を共有する現象もあらわれているのである。

今の安倍政権は、愛国と愛郷を強調し、伝統と領土を重視する。政府のこのような方針は、国民の歴史認識に直接大きな影響を及ぼす。今、韓国と日本の間で高まっている歴史認識をめぐる対立は、ここから始まったものとみるのも間違いではない。

しかし、前述したように、このような反動にもかかわらず、韓国と日本は粘り強い対話と交渉を重ねて、歴史認識で相当な接近を成し遂げてきたのが大勢であった。両国の政府・学者・メディア・市民などは、この厳然たる事実と流れを確実に把握して理解する必要がある。そして両国の間にあらわれた歴史認識が収斂する現象をより積極的に評価したうえで、不足した点を捜し出し改善していく知恵と度量を発揮しなければならない。過ちを批判して叱責するだけではなく、よくできた部分を称賛し激励する勇気も必要である。おそらく後者が、歴史認識をめぐって硬直した日韓関係を解いていくのにより有効な方法になるだろう。

「大利」を追求する姿勢

韓国と日本が歴史和解を成し遂げて、東アジアの平和と繁栄のために共に協力していくには、戦後補償の問題を賢く克服しなければならない。これもまた過ぎ去った日の経験から知恵とヒントを得ることができる。日韓両国は歴史認識のみならず、戦後補償の処理でも頻繁な対話を通じて相当な成果をあげてきたからである。

日本は原則的にサンフランシスコ講和条約により、関連当事国とそれぞれ条約を結んで戦後補償を処理した。しかし、それは侵略戦争や植民地支配に対する国家の責任を認めて賠償する方式ではなかった。人道的な見地から経済協力を提供するというものであった。韓国は日本の措置に対し正面から反発した。しかしながら日本に対する懲罰の代わりに、復活を促したサンフランシスコ講和条約の国際秩序を崩すには力不足であった。そうして国交正常化を前提に締結された日韓条約では、戦後補償の処理方法を規定した付属協定は「大韓民国と日本国間の財産及び請求権に関する問題の解決並びに経済協力に関する日本国と大韓民国との間の協定」という中途半端な名称をもつようになった。日韓両政府はこの協定において植民地支配にともなう被害補償、すなわち戦後補償の処理は、最終的かつ完全に解決したというかたちで合意した。その後、韓国政府はこの協定により得られた請求権資金を活用して、一九七〇年代に徴用被害者などに対して一定程度の補償を実施したのである。

しかし一九八〇年代以降、歴史認識問題と共に戦後補償問題が再び懸案事項として浮上してきた。日韓条約の締結当時、十分に議論がなされなかったサハリン残留韓国人、在韓被爆者、日本軍「慰安婦」などに対する、責任と補償問題が相次いで提起されたからである。日本と韓国で民主主義が進み、歴史認識が改善されるにつれ、従来曖昧に縫合されていた戦後補償問題が再び俎上にのったのは当然の帰結だった。日本政府は国家の責任を回避する姿勢を固守しながらも、人道的見地から基金などをとおして解決する方策を模索した。韓国政府も日本政府に要求することは要求し、受け入れることは受け入れる態度で対応したのである。そうしてサハリン残留韓国人と在韓被爆者問題で、被害者の期待にはとうてい及ばないが、日韓両国の協議の下で注目すべき進展を成し遂げた。

日本は戦後処理において日本国籍の有無を恣意的に判断して、戦後の日本人にだけ恩恵を与える方針を厳格に維持してきた。ところが一九九〇年代に入って、原爆被害者に対しては、韓国人も日本人のように治療と支援を受けられる方向へ旋回したのである。日本政府が、過去の問題は日韓条約を通じてすべて解決済みという原則的立場を堅持しながらも、被害者の苦痛を一部でも減らそうという人道的態度を示した点は評価に値する。

したがって、韓国と日本は戦後補償問題の解決の経験と実績を、綿密に検証してみる必要がある。そしてよい成果はそのまま認めて、よくできなかった点は、両国民にその実状を詳細に知らせて理解を求めるべきであろう。そのうえで、不足した点は額を突き合わせて熟考し、補完する方法を模索すればよいと思う。

今、最大の懸案として浮上している日本軍「慰安婦」問題は、より複雑な性格を帯びている。日本軍「慰安婦」問題が、前の二つの戦後補償問題よりもいっそう難しくもつれた理由として、関連当事者間の意思疎通がうまく成立しなかった点を無視することはできない。

そうこうするうちに問題解決の主役といえる日韓の政府、日本軍「慰安婦」被害者、彼女らを支援する両国の市民団体の間に互いに納得できる接点を捜し出せなかった。

韓国の市民団体は、日本政府に対して日本軍「慰安婦」の犯罪認定、真相究明、国会決議をとおした謝罪、法的賠償、歴史教科書への記述、慰霊塔と資料館の建設、責任者の処罰などを要求している。これに対して日本政府は、国家の責任は認定しないのみならず、賠償問題も日韓条約で完全に解決したという姿勢に固執している。ただし、人道的次元から「女性のためのアジア平和国民基金」をつくり、元日本軍「慰安婦」に一定限度で補償をおこなった。これと共に日本の首相のお詫びの手紙も伝達したのである。韓国ではこれに対する反対が激しくて、実際にこの基金を受領した人は四分の一にとどまったことが知られている。韓国政府はこれとは別に、数回の立法を通じて彼女らに相当レベルで生活と医療などを支援してきている。

このような事情を考慮すれば、日本軍「慰安婦」問題も、今までの経緯と対応を徹底して検証し、不十分な部分を補完する方向で解決策を考えなければならないであろう。それにもかかわらず、今、日本では日本軍「慰安婦」を強制的に連行した事実はない、という主張が猛威をふるっている状況である。「慰安婦」募集過程で強制性の強弱の有無をめぐっては意見の違いがあるが、強制性がまったくなかったという主張は事実に合わず、国際社会でも容認されるものではない。木を見て森を見ない日本のこのような態度は、日本軍「慰安婦」問題を泥沼の戦いに追いつめて、解決どころか、よりいっそうこじらせるだけである。日本軍「慰安婦」問題は、論争をすればするほど日本の品格を落とし、韓国国民が反日感情に染まるようにするものであるために、両国の政治家が政治的決断をとおして早く解決しなければならない事柄である。

最近、韓国の大法院判決で再び注目を浴びている徴用被害者問題については、日韓条約を通じて解決されたとみるのが韓国と日本政府の公式見解である。それならこの問題については、韓国政府がまずもって日韓の外交懸案問題から除外する措置が必要である。そして、韓国内でこの問題を解決する対策を模索しなければならないであろう。韓国政府はすでに数回も立法を通じて、徴用被害者について相当な補償をしてきた。このような措置にもとづいて、足りない部分があるならば補完できる方法を探す必要があろう。

ところで、日本政府が責任・謝罪・補償などを実現するには、日韓両国の立場と世論などを考慮して、柔軟性と弾力性を容認していくことである。文面の表現や実行の方法などは互いに納得できるレベルで、適切に調整することは可能であるとみられる。また両国民は戦後補償問題の扱いをめぐって、韓国と日本政府が数十年間それなりに尽力した努力を理解し評価してあげる必要がある。両国政府もまた、このような経緯と成果、課題を両国民に詳細に知らせ真摯に理解を求める作業をすべきであろう。

両国民の間には、両国政府が戦後補償問題の処理をめぐって、何もしてないように考える人がたいへん多い。このような無知と誤解が歴史対立の背景になることもあろう。

世の中のすべてのことには、功があれば過もあることに決まっている。今からでも日韓の政府と国民は、その間格闘してきた戦後補償問題の処理の経緯と成果、および課題を綿密に再検討し、その功罪を確かめ、よかった点は褒めて、問題があった点は反省する作業をおこなう必要がある。そして政府と市民、被害者などが一堂に会し虚心坦懐に議論し、当事者に実質的な助けになる、よりよい方策を模索すべきであろう。植民地支配と戦争の被害者がすべて高齢であることを考慮すれば、このような措置は早ければ早いほどよいと思う。このためには両国が小利に執着せずに、大利を追求する姿勢に転換しなければならない。

独島（竹島）問題に関しては、従来日本が領有権を主張すれば、韓国は領土主権をより強化する措置をとってきた。独島（竹島）は、現在、韓国が厳然として主権を行使している国土である。そのために日本が領有権を主張したとしても、そのまま実現される可能性はほとんどないといえる。だから韓国が先頭に立って独島（竹島）を争う必要がない。韓国はむしろ独島（竹島）が紛争地域に転化しないように、細心かつ断固として管理するほうがいい。日本は、韓国のこのような事情と方針を理解して容認しなければならない。その代わりにほかの分野で相互に利益になる方法をみつけなければならない。韓国と日本は両国の間で、独島（竹島）問題が他の懸案事項を圧倒するほど大きな問題として浮上していかないように注意を払わなければならないと思う。そのうえ、独島（竹島）問題以外の他の懸案事項について、互いに協力し交流する雰囲気を強化しなければならないであろう。そうすると独島（竹島）問題は、早急の解決すべき問題から次第に遠のくことになろう。

韓国と日本が不幸な歴史を教訓として、平和と共存の未来を共に実現するプロジェクトを推進することこそ、究極的には歴史問題の解決で最も望ましい方法になると思う。ここではドイツがつくり運営している「記憶・責任・未来財団」の活動が参考になるだろう。韓国と日本でも、政府と企業などが共に出資した財団をつくり、被害者に対する補償と奨学、そして国民に対する教育・記念などの事業を展開すれば、歴史問題による対立は相当に緩和されることであろう。この財団の名は「日韓未来財団」または「日韓友好信頼財団」などがよいと思う。韓国では対日請求権資金を活用し創業して大企業に成長したいくつかの会社が、このような目的の基金に出資すると表明したことがある。韓国で植民地期および戦後に成長した日本の企業がこれに参加すればよりいっそうよいことだと思う。

時あたかも、朴槿恵政府は「東北アジア平和協力構想」と「韓半島信頼プロセス」を推進しているところである。その中には南北の平和と信頼構築だけでなく国際関係での友好と信頼も入っている。このプロジェクトをとおして日韓が友好と信頼を築き上げ、東アジアの平和協力と共存共生をリードすれば、むしろ「転禍為福」(禍いを転じて福となす)になりうると考えられる。そのことの象徴的措置が、まさに「日韓未来財団」または「日韓友好信頼財団」の設立であろう。日本の最高裁判所も戦後補償裁判で、日本軍「慰安婦」の場合は立法をとおした措置、強制動員の場合は企業との和解を勧告したことがある。だから日本の国会・政府・企業が、問題を解決しようとする意思を示せれば、このような財団の設立と運営は決して不可能なことではないだろう。

反日感情・嫌韓感情の拡大を防止するガイドライン

韓国と日本が和解と共存の歴史認識を確立するためには、両国政府が率先していかなければならない。両国政府は、国民の歴史認識に深く関与してきたので、歴史対立を克服しようという意志さえあれば、できる役割は少なくない。しかし互いに対立している今の状況からみて、両国政府が直ちに先導することを期待するのは難しい。それなら次善策として、両国の歴史認識の対立をできるかぎり緩和したり、ほかの懸案事項と結びついた合併症を引き起こさないように、適切なレベルで管理する対策を模索したほうがよいだろう。現在は、状況をさらに悪化させないように注意を払い、二〇一〇年以前の水準に回復することができるだけでも、成功だといえるであろう。したがって韓国と日本は、両国での歴史和解をめざす優れた政治家が出現する前までは、歴史対立を一気に解決したい焦燥感を押さえ、互いの立場と言動を引き締め深く観察し、対立がさらに悪化しないように配慮するほうがよさそうである。

歴史対立を管理する方法に関して、筆者の見解をもう一度提示すれば以下のとおりである。一つ目に、歴史対立の原因になる懸案事項について、共同で資料を発掘し研究することによって、認識の差を狭めなければならない。また互いに歴史教育や歴史教科書の記述を改善し、排他的ナショナリズムを抑制し、相互理解の歴史意識を育成する作業が必要である。二つ目に、歴史対立が高まっている状況では、メディアなどをとおして正確な情報を多く提供し、相互に敵対する感情を緩和しなければならない。そして多様なルートでの対話をとおして、相互不信と誤解を除去し、信頼と包容を拡大していくのである。三つ目に、両国国民が歴史教育と社会科教育などをとおして、バランスのとれた歴史意識をもつようにし、偏った歴史認識に陥ってはならないことである。このためには政府間だけでなく市民レベルの交流と協力が重要であろう。

最近、日韓の歴史対立をふり返ってみて、歴史問題で政府、とくに政治家の言動が非常に重要だということをあらためて感じている。両国政府は、さきに歴史対立の発生経緯と対応姿勢を綿密に検討し、互いに反省することで、崩れた信頼を回復しなければならないであろう。その方法の一つとして、「日韓パートナーシップ宣言」（一九九八・一〇）の歴史認識をもう一度確認し、遵守していく意思を明らかにすることも考慮すべきである。しかし両国政府が、「日韓パートナーシップ宣言」後にも深刻な歴史対立を経験したという現実を考えると、歴史認識の準拠となる指針を新たにつくり、それを両国の首脳が共に公表するという、可視化された行為を演出すればより効果が大きいであろう。

日韓両国の新しい共同宣言が難しいならば、少なくとも両国政府の要人が歴史認識の対立をもたらす言動を自制するように、規制する装置をつくらなければならないであろう。自由民主主義社会のもとで、個人の思想と信念を抑圧する装置をつくるのは遺憾であると批判があるかもしれない。しかし政府の要人となれば、自国と他国が約束したことを尊重して、遵守するのは当然の義務であろう。まして韓国と日本が歴史認識のような微妙な問題について合意した方針ならば、政府の要人はそれを必ず守らなければならない。したがって日韓両国は政府要人の歴史認識に関する言動には、ガイドラインをつくってそれを遵守する確約を内外に発信したほうがよいと考えられる。こうすることによって、両国でたとえ政権が変わっても、政府要人が突出した歴史認識を表明して対立を引き起こすことを防ぎ、一貫性のある歴史認識を維持できるだろう。

このような規制装置をつくるとしても、日韓両国の間では歴史認識の対立がいつ再燃するかわからない。この時に備えて、両国政府はこれを迅速に抑制したり、緩和させることができる行動綱領を作成する必要がある。両国政府が、歴史認識の対立を放置することはよくない。なぜなら歴史対立が反日感情と嫌韓感情に拡大していくことを防止しなければならないからである。歴史対立に対処するガイドラインは、両国政府が協議して、共に遵守するという内規をつくってもよいであろう。そのガイドラインは、対立を無理に縫合しようとする一時的な方策であってはいけないし、両国民の同意が得られるような、堂々としたものでなければならないと思う。さきに提示した三種類の管理方法を援用すれば、大きな障壁もなくガイドラインをつくることができるはずである。韓国と日本は長い間、歴史認識の対立に苦しめられた分、それに対応できるノウハウもそれなりに蓄積され、それを活用する必要がある。

韓国と日本で起きている昨今の状況をみると、このような提案は実現されにくい夢にすぎないという気もする。それは両国民にとってナショナリズムの影響がそれほど強いからでもあろう。ところが、世の中の出来事は「窮すれば通ず」、また議論をとおして「正反合」にいたる場合も少なくないのである。韓国と日本では、国家と民族に対し従う意識を強く示す政治家が政権を担当してきたために、度量の大きな解決策が用意されるかもしれない。彼らは保守主義に基盤を置いて徹底した国家観、安全保障、愛国心などを強調する。彼らが日韓関係の改善こそが真の国益・安保・愛国などに役立つという点で合意できれば、大局的・戦略的レベルで歴史問題を克服できる契機をつくることが可能である。ドイツとフランス・ポーランドが歴史認識の対立を克服し、歴史和解を成し遂げたのも、じつは各国の政治家が国益を考慮した大局的・戦略的レベルで決断を下したために可能なことだった。

今、東アジア共同体が、日中韓三国からしばしば話題として浮上する。「帝国」の経験をもつ中国や日本は、過去の負の歴史があるために、このことを明らかに主張しづらい。それなら歴史の原罪のない韓国が、もう少し大きな役割を果たすこともできる。「危機はチャンスである」という言葉がある。歴史問題が、焦眉の関心事に再び浮上した昨今、韓国政府は日本政府を引き込んで危機をチャンスに反転させるプロジェクトを推進しなければならないと思う。それが朝鮮半島のみならず東アジアの平和と繁栄を保障するシステムの構築に進むならば、よりいっそうよいことであろう。そして韓国と日本の研究者・教育者・世論の主導者・一般市民なども、親密に交流・協力して歴史問題の克服に積極的に取り組まなければならないと思う。その終局の目標は、東アジアの平和と共存に置かれなければならないであろう。

蛇足になるが、日韓の政府は、歴史問題がどちらか一方の決断や行動で永遠かつ完全に解決できるという幻想を国民に植え付けてもらっては困る。そもそも歴史対立は、相手があって発生する問題である。相手が相槌を打たなければ音がしない。しかも歴史認識が正しいか否かを判断する基準は、個人や国家の立場により異なる。だからこそ歴史認識を語る際には、歴史観の正しいか否かに劣らず、それを語る態度もやはり重要である。韓国は自らの歴史認識を日本に明確かつ正確に知らせるが、日本の歴史認識を無視したり罵倒したりする行為はよくないことである。韓国と日本は、相手がなぜそのような歴史認識をもつようになったのかを正確に把握し、それを自国の歴史認識に接近させられる対策を模索しなければならないであろう。この時にも、互いに納得できる論理と言語を駆使しなければならない。洗練された品格ある言動を広げることで、相手を感動させることができるならば、歴史対立はよりいっそう簡単に克服されるであろう。

歴史和解のステップと戦略

日韓関係の過去と現在を正確に理解し、未来とビジョンについて確固たる信念をもつならば、歴史認識をめぐる対立も解決が不可能な問題ではない。まず両国民は、歴史問題を次世代に先送りするのではなく、今の世代で責任をもって解決し和解を成し遂げる覚悟と意志を心新たにもたなければならない。そのためには両国の世論と環境をそのような方向に転換させていく必要があろう。ここでは両国の政治家・言論人・研究者などの世論を導く人々の役割が重要だといえる。とくに両国の最高指導者は、人類が志向してきた普遍的価値の基準から、日韓関係の歴史を解釈できる見識をもつ必要があろう。このような認識によって、自分たちが率先して歴史和解を実現するのだ、という強い意志を示すべきであろう。

それにもとづいて一緒になって両国の国民を納得させ、先導できる戦略と方法を準備し実践しなければならないと思う。日韓両国は充分ではないが、すでに歴史問題を取り扱ってきた経験をたくさん蓄積している。その経緯と成果、限界と欠陥などを綿密に検討して評価することによって、補完と改善、克服と解決の知恵を得ることができるだろう。歴史和解へのステップと戦略を簡単に提示すればつぎのとおりである。

一つ目に、低い段階としては、自分と一定の距離を置くことである。歴史理解で伝統的・典型的認識から抜け出そうと努力することである。行動修正では優越意識や劣等意識などにより、偏ったり、歪められた歴史意識を除去することである。他者を相手にすることにおいては、過去を忘れないが、今の自国と外国の関係を、過去の物差しでみようとする姿勢は戒めることである。

二つ目に、中間段階として、行動に移すことである。歴史理解で、歴史をみる見方と出来事を選択する基準を比較しながら、どのような変化が起きたのかをくらべることである。行動修正でも、自身の生活と歴史の記述で、互いに近づき共に進む。そして他者を相手に敵対的歴史を乗り越え、共同の未来と機会を探し出すのである。

三つ目に、高い段階として、相互関係を構築することである。歴史理解で、歴史言説とめざすことを体系的に比較して内容を交換する。行動修正で、少しでも両立可能だったり、共有可能な歴史を新しく構成する。他者を相手にして共同作業と生産をとおして、互いに共感できる歴史をつくり出して、社会が受容するようにする。

歴史和解は一日で成り立つのものではない。したがって、歴史和解を成し遂げるためにはつぎのような作業と態度を持続的に展開していく必要がある。

一つ目に、両国の歴史研究者と歴史教育者、または歴史に関心をもつ人々が、共によりいっそう積極的に歴史認識について議論し対話することである。日韓両国の歴史認識問題はまだ、政治的・外交的懸案として台頭し、政府レベルで反目し対立している状況から抜け出せないでいる。両国民も互いにこれに巻き込まれ、誤解と不信を増幅させてきた。

原則をいうならば、日韓両国における歴史認識の問題は、政治・外交の懸案事項から解放されて、歴史研究と歴史教育に従事する民間人に還元されなければいけない。そのための中間過程として、両国政府が支援する日韓歴史共同研究委員会などを再稼動して、歴史対立を生じさせているテーマについて研究と討論を深め、その結果を両国の歴史教科書執筆者や歴史教育者が参照できるように提供することが一つの対策になるであろう。韓国と日本の歴史研究者と歴史教育者は、すでに歴史対話と歴史共通教材開発の経験を豊富に蓄積してきた。そのような実績にもとづいて、互いに信頼と連帯を構築して、国民の間に理解と共感を広めていくべきであろう。

二つ目に、日韓両国は歴史対立が、いつでもナショナリズムに刺激されやすく、政治・外交に利用されやすい特殊事案だということを忘れてはならない。民間レベルの歴史対話は、この点をつねに警戒していかなければならない。歴史認識は、国家・民族・個人の間は相異なるものであることを、まず認める余裕をもつ必要があろう。あわせて日韓関係史を客観化・相対化してみようとする努力を怠ってはいけないのである。

およそ歴史を完全に客観的・相対的にみることはできないが、日韓関係史を過度に自国中心の視野から眺めようとする姿勢は、意識的に脱しなければならない。迂余曲折で綴られた複雑多端な日韓関係史を弾力的で柔軟に理解するためには、自国史を絶対化する姿勢から抜け出し、両者あるいは多者間の関わりの中でふり返ってみる態度を備える必要がある。これは韓国と日本の実態を正確に理解することにおいて役立つであろう。

三つ目に、日韓両国の平和・交流の歴史を重視しなければならない。二千年以上の日韓関係の中で、韓国と日本は、時には侵略と抵抗などの対立的な関係でこじれた時期もあったが、それは平和・交流の長い歴史にくらべれば非常に短い期間である。したがって今後、韓国と日本が友好協力のパートナー関係を強化していくためには、平和・交流の歴史に多くの視線を与えなければならない。

前近代における平和・交流も重要だが、現代におけるそれらをよりいっそう重視していくことである。とくに一九六五年の日韓国交正常化以降の歴史を正しく理解する必要があろう。ここには政府間の友好協力のみならず、民間の経済・文化交流、さらには市民間の連帯運動も活発に展開されている。日本軍「慰安婦」、在日コリアン、歴史認識などの問題をめぐって、韓国と日本の市民が繰り広げてきた連帯運動、そして学校・団体・地方自治体間の姉妹活動などは、両国の世論と政府を動かして状況を改善したり、相互理解を促進するのに肯定的効果をもたらしてきた。このような事実をよりくわしく記述すれば、次世代が市民レベルの連帯を通じて、共生・共存の方向に変えられるという確信をもつようになるであろう。

四つ目に、日韓関係を議論する場合は北朝鮮までも視野に入れ、相互関連させてとらえる方法を模索していく必要があろう。現実的には、日韓関係が圧倒的に重要であるために、ややもすると北朝鮮の比重が相対的に弱まり、なくなる恐れがある。しかし北朝鮮を無視しては、朝鮮半島の現代史、さらには日韓関係の実像や構図も十分に理解することはできない。そして朝鮮半島という韓民族全体としての歴史像を構成することも容易でなくなる。したがって現代の日韓関係では韓国と北朝鮮、北朝鮮と日本の関係が描き出す多様な様相についても、十分に注意しなければならない。

五つ目に、韓国と日本は相手を日韓関係史の視野だけで認識しようとする態度をあらためなければならない。歴史的にみて、日韓は非常に豊富に国際活動をおこなってきた。そのために両国の歴史と文化は、日韓関係史的な見方だけではとうてい理解しきれないほど、多様かつ豊富なものである。だから両国が相手に対する認識を深めるためには、自国と関連した出来事や事象を通じて相手をみる狭い視野から抜け出し、相手国の歴史と文化を多様な見方からありのまま眺める態度をもつ必要があると思う。両国が、相手国についてこのように柔軟な姿勢を堅持するならば、歴史認識の対立は相当に克服できるであろう。

六つ目に、国家間における歴史認識の改善と相互理解の増進は、自然に成り立つわけではない。知識人と世論形成者の努力があり、彼らが牽引していくことが重要だと思う。とくにメディアの役割が重要である。現在の韓国と日本のメディアは、両国の歴史対立を煽る先頭に立っている。とくに日本の週刊誌、月刊誌などは韓国を嫌悪と侮辱によって、販売部数を伸ばそうと血眼になっているところがある。さらには主流メディアまでも、それに追従しようとする傾向をみせている。これでは歴史対立を克服することはできない。両国のメディアは、感情に染まった誹謗と中傷を自制し、事実と均衡のとれた報道と論評をしなければならない。

日韓において歴史問題は重要ではあるが、それが両国関係のすべてを左右するほど、唯一の懸案事項ではないであろう。ほかの懸案事項とあわせて一緒に解決していく課題でもある。二〇一五年は、日韓国交正常化五〇周年を迎える。せっかく迎えた歴史の大きな節目を契機にして、韓国と日本が世界にむけて共同して未来のビジョンを提示し、その中で歴史問題の包括的解決を試みるのも一つの方法になるであろう。

韓国と日本は、頻繁な摩擦と対立にもかかわらず、世界の水準からみれば、解放と敗戦以来七〇年、または国交正常化以来五〇年の間、切磋琢磨してかなり注目すべき成果を上げている。両国は民主主義、市場経済、法治主義、人権擁護など、世界的な価値を共有する同質の国家として成長した。そしてそれぞれアメリカの同盟国として、東アジアの安全と平和を維持する梃子として機能してきたのである。また国民の生活様式と文化水準でも、韓国と日本は先進性と普遍性を共有している。最近、国民の間に流行した韓流と日流がそれを象徴的に示してくれる証しであろう。したがって韓国と日本が互いの発展を肯定的に評価して、より積極的に協力する方法を模索すれば、世界人類の発展に共に寄与できる道が開かれるだろう。

韓国と日本は、互いに信じ、親しくすごすことによって、双方とも利益を増進できる隣国同士である。したがって両国は歴史認識の衝突を緩和して、戦後処理の不満を補完し歴史和解を達成しなければならないと思う。歴史和解に至る道のりは、互いに妥協と譲歩をともなう険しい旅程であろう。しかし両国民が、共同で推進するほどの価値ある重要な事業である。日韓両国は、過去と戦うよりは未来を共につくり出す、という信念をもって共同のプロジェクトを開発して実行していく必要があろう。そのようにすれば、必ず近い未来において、過去を整理した現実を目撃することができるであろう。両国政府と国民の断固たる意志と積極的な行動を期待してやまない。

あとがき

筆者はこれまで四〇年近く韓国の歴史を研究して教育する仕事に従事してきた。その中でも、とくに日韓関係史の研究と教育に力を傾けてきた。そして韓国と外国、とくに日本との数多くの歴史対話に参加して、発表と討論を継続してきた。時には歴史関連学会・委員会・財団の責任者としてこのような歴史対話を積極的に主催して後援してきた。したがって、本書で紹介した歴史対話の多くに直接・間接に関わってきたといえる。

そこで筆者は時間と機会があるたびに、このような歴史対話の軌跡を論著で整理してきた。本書は、それらにもとづいて作成されたものである。筆者が執筆した各論著の書誌を簡単に紹介しておきたい。本書では読者が読みやすくするために、あえて注などを省略したが、議論の内容と根拠をより詳細かつ正確に知りたい読者においては、つぎの文献とその注を参考にしていただきたい。

「歴史葛藤と平和共栄（역사갈등과 평화공영）」『テーマと争点から読む二〇世紀韓日関係史（주제와 쟁점으로 읽는 20세기 한일관계사）』歴史批評社（역사비평사）ソウル　二〇一四

「歴史教科書のための韓国・日本の協議活動と幾つかの課題」ユネスコ韓国委員会編『二一世紀歴史教育と歴史教科書―韓日の歴史教科書問題解決の新しい代案―』図書出版オルム、ソウル、一九九八

「広がる対話、深まる議論―歴史認識と歴史教科書問題の最新動向―」歴史学研究会編『歴史教科書をめぐる日韓対話―日韓合同歴史研究シンポジウム―』大月書店　二〇〇四

『韓日につきまとう歴史の陰とその克服のための試み』第一八二回日文研フォーラム　国際日本文化研究センター　二〇〇六（「日韓歴史対話の構図―歴史教科書と歴史認識を中心に―」『日本は韓国において何か』図書出版ハンウル　ソウル　二〇〇六）

「韓日の歴史対話―和解と相生のためのオデュッセイ―」『日本学研究』第一九輯　檀国大学校日本学研究所　ソウル　二〇〇六

「日韓の歴史葛藤と歴史対話―和解と共生の歴史認識に向けて―」韓国史学会『史学研究』第八八号　二〇〇七（「日韓の歴史対話―和解と共生のためのオデュッセイ―」中央史学研究所編『東西洋歴史の中の疎通と和解』ソウル　二〇一一）

筆者は今までさまざまな歴史対話に参加でき、その軌跡を整理する過程で数多くの大学・学会・研究所・財団・基金・機関および関係者から物心両面の支援をいただいた。この紙面を借りて深く感謝申し上げたい。また歴史対話の中で、参加者の方々から貴重なご教示をい

ただいた。ご教示くださった方々に敬意の意をあらわしたい。

筆者は二〇一四年七月の一カ月間、ドイツのブラウンシュヴァイクにあるゲオルク・エッケルト国際教科書研究センターに滞在しながらこの本を書いた。ヨーロッパの歴史対話を主導してきた機関で、本書をまとめられたことを意義深く考えている。

折しもブラウンシュヴァイク市民は、青い森でかこまれている奥ゆかしい街で、ブラジルワールドカップ優勝を思う存分楽しんでいた。早合点かもしれないが、歴史の呪縛から抜け出した明るく清らかな表情であった。筆者はその光景をうらやましく眺めて、韓国と日本も歴史で絡まった関係を解いて、共に歓呼できる日が一日も早く到来することを深く願った。本書がそうなることの小さな道標になるならば幸いである。

鄭在貞

解題

本書の意義

原著は、大韓民国歴史博物館・韓国現代史教養叢書11として刊行されたばかりの鄭在貞著『韓日の歴史葛藤と歴史対話』(二〇一四年一二月)の全訳である。訳者の一人、坂井は、二〇一五年前半期に鄭氏と何度もお会いする機会があり、そのたびに本書のことが話題に上った。対話を通じて、鄭氏の日韓和解への情熱と本書の意義を理解し、翻訳出版する必要を強く感じたのである。

ところで、二〇一五年は日韓国交正常化から五〇周年の年にあたるが、日韓の歴史認識をめぐる対立はいっこうに鎮静化する気配がない。むしろ些細なことで、対立が激化する緊張した状況にさえある。近年の日本で刊行される韓国の歴史認識に関する書籍や論文も、和解への展望を後退させたりする論調のものも少なくない。結果として、相当数の日本人は、大多数の韓国人が反日の歴史認識で固まるような、かたくなな国民性であるとの印象を強くする傾向にあろう。またマスコミやインターネットを通じて、そうした韓国人観が増幅されていることは明らかである。本来ならば、日韓の過去の不幸な歴史を直視し、未来に向け和解を模索する必要があるのにとても残念なことである。

しかし、これらの韓国人理解は、あまりにも韓国内の状況や、韓国の人々の多様性や柔軟性を無視した見方による場合も少なくないであろう。左右の間に境界線を引いて、「韓国人」「日本人」というカテゴリーに押しとどめ、いわば裁断するような見方は単純で明快であり、時には乱暴であるとさえいえる。「韓国人は過去の歴史にこだわりすぎる」「日本人は既に十分に謝罪してきたから問題はない」という言説を、いま一歩再考してみることも大事なことであろう。反対に韓国人も、固定化された日本人観を振りかざすことにも抵抗を感じる。これでは日韓の和解への道は、程遠いどころの話ではない。

だからこそ、韓国側の中にも真摯な日本へのまなざしや発言・発信があり、それは韓国内でも相当に説得力を持つ方向にある。そうした発言や発信を、正確に多くの日本人にも知ってもらう必要があると思う。つまり、私たち日本人も、ちょっと立ち止まり、韓国側の主張を考えたり、その背景に思いを致すなど、また説得力のある韓国側からの発言を受け止めることも大事と思う。その意味で、本書は韓国の一知識人が、日韓の歴史認識の事情を踏まえ、現実的な提案、「和解」への在り方を論じた建設的な内容で構成されている。本書を通じて鄭在貞氏が提案する内容を、私たちがどのように受け止め、今度はどう発信していくのかが、むしろ私たちに問いかけられているようである。

当然、鄭在貞氏も韓国人としての自己認識とプライドをもち、韓国内でもさまざまに日本に対する厳しい発言もしている。歴史問題に対しての追及はもちろん、今日の日本の政治家たちの傲慢とさえ思われる発言に対しては、手厳しい。日本軍「慰安婦」問題や独島（竹島）領有権問題はことさらである。当然なことである。しかし、そこでの厳しい批判は、たんなる「非難」「不満」「怒り」ではなく、それを乗り越える展望を模索する思索が底流にはある。そこには日本に対する信頼と尊敬があり、鄭氏なりの日本への強い愛着の気持ちを感じさせる。

本書の構成

第一部について

本書は、第一部と第二部で構成されている。第一部は、日韓の歴史対立と戦後補償の問題を扱っている。日韓の歴史認識をめぐって対立している各テーマについて、日韓双方の視点を取り入れ総論的に論じている。現在、何がどのような点で摩擦となり課題となっているか、また解決の方向性、解決を阻害している要因はどこにあるのか、などを論じている。

第一章では、日韓の歴史認識をめぐる対立の政治状況や国民意識からの全般的背景を論じ、第二章では、現在の日韓の国家間での歴史認識上の最重点課題である「歴史教科書」「靖国神社参拝」、それに「独島（竹島）領有権」の問題を取り上げている。そして韓国側の主張の論理、日本との間での対話の到達点などを論じている。第三章では、韓国民衆の植民地・戦争被害者問題を扱っている。とりわけ「強制動員の被害者」「在韓被爆者」「サハリン残留韓国人」「日本軍『慰安婦』被害者」の各論である。ここでは韓国人被害者としての論理から、人権的な視点から被害者目線での主張が盛り込まれているが、一方でその問題解決の方向に示唆を与えている。

ちなみに鄭在貞氏は、二〇〇九年九月から、韓国・東北アジア歴史財団の理事長という要職を担ってきた。東北アジア歴史財団は、日本との歴史問題の軋轢とともに、中国との間の古代史をめぐる対立などから、二〇〇六年に設立された財団である。同財団は、政府からの資金が投入されるとともに、二〇〇八年からは「独島研究所」を併設している。いわば韓国における東北アジアの歴史研究と独島領有権の研究と啓蒙・普及活動を公的に担ってきた機関である。その点で、韓国の歴史研究の専門の立場も踏まえて、本論も深い洞察の上に展開されている。たんに独島問題だけではなく、日韓の近現代史全般に関しても、冷静な学的な判断を堅持しながらも、日本との和解のまなざしをもって書いている。

第二部について

第二部は、日韓の歴史対話と歴史共同研究について扱っている。前半の第四、五章は、一九七六年以降、現在に至るまで、鄭氏も参加した日韓の大学間や研究者間、あるいは市民、教師間といった、数々の歴史教育・歴史教科書をめぐる対話を取り上げ、分析している。これは第六、七章で取り上げられる日韓政府間の公式的な対話とは異なり、いわば民間レベルで進められた「和解」のための対話活動であり、そこにとても重要な意義を見出すのである。

鄭氏が、これらの活動を通して獲得した信念は、日韓の歴史認識の対立や教科書摩擦も、市民間、教師や研究者間、学生間、あるいは自治体レベルの交流など、多様な人々による網の目のような親善・友好のネットワークが構築されれば、やがては国家間対立という国際政治の次元を超えていく、日韓共存・共同性が生まれるという点であった。その結果、両国の歴史教科書も、共存共生していくための建設的な記述になっていくとの確信である。

そうした期待や未来志向を持ったのは、第四章で扱われた二〇〇〇年前後のことと思われる。第五章は、二〇〇一年以降の日韓の歴史認識の溝が再び広がっていく状況の下でも、そのネットワークを信じて民間レベルでの足跡を分析している。とくに二〇〇五年以降、出版された複数の日韓歴史共通教材を、現在の状況から見てその意義を再確認するのである。

第六章と第七章は、歴史教科書問題に端を発して設置された日韓政府間の合意による公式的歴史対話「第一期日韓歴史共同研究委員会（二〇〇二・五〜二〇〇五・五）」と、「第二期日韓歴史共同研究委員会（二〇〇七・六〜二〇〇九・一二）」を取り上げている。二つの期の委員会活動について、成果、課題・問題点を描き出す。日本側メンバーからの発言は書籍や新聞などからも私たちに伝えられるが、韓国側メンバーの中心で活動した著者の状況分析はなかなか伝えられにくい。その点で貴重な証言でもある。それは日本側委員によって分析・執筆された活動評価を相対化する意味でも意義があろう。とくに第二期委員会の教科書小グループの活動について本書を通じてあらためてその評価を私たちに求めているようでもある。

和解への提言

以上の日韓の歴史認識・戦後補償（とくに歴史教科書）をめぐる諸課題に対して、鄭氏ならではの日本の事情に精通した立場から、韓国側自身にも提起、反省すべき点を促す視点も堅持している。日韓共同で、歴史和解にむけてどのように共同歩調をとるべきなのか、両国に対して、この終章では提言として語られる。

著者は「歴史管理」という用語を用いる。市民交流を基盤とした自由な歴史認識形成と、反対に国家レベルで進められる対立的な歴史認識の問題性があり、とくに歴史管理は、国家の歴史認識への関与であり、三つの提言をしている。一つは、歴史認識の対立事項について共同の歴史研究をすすめ、いわば学問的に認識の差を縮める努力をすること、二つに、メディアについてその自立・自主性は尊重されながらも、いたずらに偏狭なナショナリズムを煽ることを自制すること、三つ目に、教育活動において偏りのないバランスのとれた教育がおこなわれること、としている。いわば学問、メディア、教育に関して、友好親善の観点から正常な役割を期待するのである。これらは当然のことであるが、重要なのはそれを実現するためには一定のガイドラインを、日韓両国で協議して作成すべきという点であろう。ある面では、日韓で可視化させる部分も必要ということになる。

また「歴史和解」にむけて、歴史家らしい提言がいくつもなされている。和解の「低い段階」「中間段階」「高い段階」の三つ段階を設定し、段階ごとの歴史認識や他国認識のあり方や達成内容を説明している。「低い段階」では、相手に対して過去の物差しをもって現在をみようとする姿勢を戒めること、「中間段階」としては、二つのことが述べられる。一つは歴史理解の面で、「選択基準を比較しながら、どのような変化が起きたのかくらべること」と、もう一つは私たち自身の行動修正ということで、日々の生活意識の中で敵対的歴史を乗り越えることである、としている。「高い段階」は、相互関係の構築の段階として、互いに共感できる歴史を創り出して、それを社会が受容するようにすること、としている。以上のことを実現するために、最後に日韓両国で取り組むべき具体的な提言をさらに細かく述べるのである。

ここに示された提言は、繰り返しになるが、鄭在貞氏の長年の日韓交流や共同研究へのかかわり、今までの交流してきた経験の数々、またドイツを中心とした欧州から学ぶ過去克服の知恵の参照などをとおして、現代日韓関係という特殊事情に適応させる思索であった。

著者について

最後になったが著者である鄭在貞氏について簡単に紹介しておきたい。

鄭在貞氏は、朝鮮戦争中の一九五一年に忠清南道で誕生している。その後、ソウル大学校師範大学歴史教育科に学び、軍隊経験などでへて、同校博士課程において学位を取得している。その博士論文は、『帝国日本の植民地支配と韓国鉄道（一八九二～一九四五）』（三橋広夫訳、明石書店、二〇〇八年）として日本でも翻訳出版され、高く評価されている。現在はソウル市立大学校国史学科教授である。その間、一九七九年から三年間、東京大学文学部大学院修士課程（東アジア史専攻）に留学され、同学や先輩後輩として多くの日本人研究者と交流をもつ基盤をつくりあげた。一九九〇年前後から、積極的に日本の歴史学者や歴史教育者などと交流をもち、その成果が本書の随所でも生かされ、日本との「和解」のための発想となっている。鄭氏は、韓国で、最も日本を理解する研究者の一人で、強い日本への愛着と尊敬の気持ちを抱き、また多様な日本人との人的ネットワークを構築している。本書もその長年の日本との交流体験をもとに執筆されたもので、一つひとつの主張には、体験感覚からの鋭い洞察がみられ、とても説得力があると思う。

私は、ちょうど一九九〇年に鄭氏と「日韓合同歴史教科書研究会」という研究者と教育者が参加した日韓の国際会議の場で出会い、年齢も同一ということですぐに意気投合することになった。それ以来、上記の研究会をはじめ、東京学芸大学とソウル市立大学校の共同研究でもお世話になってきた。

鄭氏の発想の基盤には、破壊的でしかも分断体制を構築した朝鮮戦争、その後の厳しい韓国社会・経済の現実、彼曰く、「世界で最も貧しい国の一つ」であった環境で、青少年時代をすごすことになった。そして軍事独裁の政権、市民・学生たちの民主化闘争、ベトナム戦争の影響、北朝鮮との緊張と軍隊経験、さらには「漢江の奇跡」といわれた一九七〇年代後半の経済成長などを、身をもって体験した世代である。この世代の共通感覚が存在していると思われる。この点はとても重要で、鄭氏の実際の体験に基づく発想は、理念的だけではなく、柔軟な多面的な現実的対応の発想に連なる認識になったと考えられる。

過日、彼と話しをした際に、東京大学に留学した時のことが話題となった。一九七九年四月から三年間の修士課程での生活は、まだ韓国からの留学生がほとんどいなく、また朝鮮総連関係者などの北朝鮮との接触は、厳しい監視下にあった時代であったという。しかし、登校のために毎日、東大の赤門を通るが、その周囲に設置された立て看板には驚いたという。「韓国軍事政権打倒」「北朝鮮による南北統一を進める」などの類が記された立て看板に対してであり、またそれに同調する教員や知識人、出版社も多かったことである。こうした日本の状況は、まるで鄭氏の生活感覚からして、韓国社会を一面でしか理解しない誤った情報や偏見が氾濫していると感じたのである。一部の情報だけに依拠し、韓国に対して厳しい目が注がれていた時代状況なのである。それは鄭氏が専門とする韓国近現代史研究においても、日本優位の発想が反映され、偏見とさえ思われる状況もあったと考えられる。この点は、右翼的立場であろうと、左翼的立場であろうと広くみられたという。

一九九〇年代以降の鄭氏の日本との関わりは、中堅研究者として日韓関係史研究や日本人研究者などとの国際交流が主要なテーマとなったのである。一九九〇年代から二〇〇〇年代の民間レベルでの国際交流から得られた鄭氏の「キーワード」は、日韓交流の人的ネットワーク、相互信頼と友好、忌憚のない論議、和解と歴史認識、研究者と教師の交流などであろう。国家という枠組みは、重要な視点ではあるが、それに拘泥されることなく、相対化し時にはその偏狭性を乗り越える対象としても意識化されていたように思う。

この「キーワード」が、十分に機能しなかったのが二〇〇二年からの二期にわたっての政府合意に基づく「日韓歴史共同研究委員会」の活動であろう。これほど日韓の歴史認識の和解のために機能しなかった委員会は、彼にとっては想定外であり、あらためて彼の「キーワード」を再認識したと思われる。韓国側委員として、とくに歴史教科書問題の中心的役割を果たそうとした思いとその挫折感が、本書第六、七章の行間から伝わってくる。

それでも諦めずに粘り強く、日韓和解のための提言を具体的に語っている。当然「キーワード」が基盤となっている。提言はとても説得力のあるもので、日本に広く伝えられることを期待したい。

坂井俊樹

参考文献

韓国語文献

國際教科書研究所編　一九九四『古代東北亜研究—어제와 오늘—』白山資料院

國際教科書研究所編　一九九四『韓・日教科書修正의 諸問題』白山資料院

鄭在貞　一九九七「歴史教育과 歴史認識의 韓日比較」『二一世紀 韓日關係』法文社

鄭在貞　一九九七「日本의〝妄言〟과 그 性格」『日帝 侵略史와 現代的 課題・展望』獨立記念館韓國獨立運動史研究所學術會議

鄭在貞　一九九八『韓國의 論理—轉換期의 歴史教育과 日本認識—』현음사

鄭在貞　一九九八『日本의 論理—轉換期의 歴史教育과 韓國認識—』현음사

유네스코 韓國委員會　一九九八『二一世紀 歴史教育과 歴史教科書—韓日 歴史教科書 問題解決의 새로운 代案—』圖書出版 오름

歴史教科書研究會・歴史教育研究會編　二〇〇〇『歴史教科書 속의 韓國과 日本』慧眼

鄭在貞　二〇〇二「북한의 日本 歴史教科書 歪曲에 대한 認識」『북한의 歴史學（二）』國史編纂委員會

韓國教育開発院　二〇〇二『국가간 상호이해 증진을 위한 教科書 개선』

韓國西洋史學會　二〇〇二『記憶하고 싶은 過去、잊고 싶은 과거—미국、英國、프랑스、獨逸、러시아의 歴史教科書 사례 분석』

國史編纂委員會　二〇〇二『二〇〇二年度國史編纂委員會國際會議發表文　韓・日歴史教師의 歴史認識共有—二一世紀韓・日파트너십을 위한 歴史教師들의 歴史認識—』

李元淳・鄭在貞編著　二〇〇二『日本 歷史教科書 무엇이 問題인가』동방미디어

日本教科書바로잡기運動本部・歷史問題硏究所編　二〇〇二『和解와 反省을 위한 東아시아歷史認識』歷史批評社

日本教科書바로잡기運動本部・歷史問題硏究所編　二〇〇二『韓國 知性의 소리』歷史批評社

歷史學會・世界史學會編　二〇〇二『歷史學會 創立 五〇周年紀念 歷史學國際會議 發表文』서울大學校出版部

조동걸　二〇〇三「南北 歷史學者의 學術交流論 序說」『第四六回 全國歷史學大會』全國歷史學大會組織委員會

日本教科書바로잡기運動本部編　二〇〇三『글로벌化와 人權・教科書』歷史批評社

日本教科書바로잡기運動本部・歷史問題硏究所・全國歷史教師모임・韓國歷史硏究會編　二〇〇三『韓國史教科書의 希望을 찾아서―二一世紀 韓國史 教科書와 歷史教育의 方向―』歷史批評社

아시아平和와 歷史教育連帶　二〇〇五『韓・中・日 三國의 八・一五기억』歷史批評社

한일관계사 연구 논집편찬 위원회　二〇〇五『한일관계사 연구논집』一―一〇　경인문화사

韓日歷史共同硏究委員會　二〇〇五『韓日歷史共同硏究報告書』一―六

鄭在貞　二〇〇六「韓日의 歷史對話―和解와 相生을 위한 오딧세이」『日本學硏究』第一九輯　檀國大學校日本學硏究所

BK二一高麗大學校韓國史學教育연구단　二〇〇六『東아시아 相互認識과 歷史教育』第一會國際學術심포지엄

이신철　二〇〇七『韓・日 近現代 歷史論爭』선인

한운석 二〇〇八『獨逸의 歷史和解와 歷史教育』선인
현대송 엮음 二〇〇八『韓國과 日本의 歷史認識』나남
김승렬・이용재 二〇〇八『함께 쓰는 歷史—獨逸과 프랑스의 和解와 歷史教科書 改善活動—』東北亞歷史財團
한운석・김용덕・차용구・김승렬 二〇〇八『加害와 被害의 구분을 넘어서—獨逸・폴란드 歷史和解의 길—』東北亞歷史財團
아시아平和와 歷史研究所編 二〇〇八『東아시아에서 歷史認識의 國境 넘기』선인
아시아平和와 歷史研究所 編 二〇〇八『歷史認識을 둘러싼 自畵像、外部의 視線』선인
韓日歷史共同研究委員會 二〇〇九『제二기 韓日歷史共同研究報告書』一—七
한일관계사 연구 논집편찬 위원회 二〇〇九『韓日關係史研究論集』一一—二二
호사카 유지・세종대 독도종합研究所 二〇一〇『大韓民國 獨島』성안당
東北亞歷史財團編 二〇一〇『東아시아共同體의 設立과 平和 構築』
孫崎享著・양기호訳 二〇一二『日本의 領土紛爭』메디치
鄭在貞 二〇一三「歷史에서 본 韓日關係와 文明轉換」『歷史教育』第一二八號 歷史教育研究會
鄭在貞 二〇一三「韓日關係의 危機와 克服을 향한 오디세이—領土와 歷史를 둘러싼 葛藤을 中心으로—」『領土海洋研究』五 東北亞歷史財團
김영희「韓・日 葛藤、MB와 노다가 問題다」『中央日報』二〇一二・九・一四
「멈추지 않는 日도발、韓日關係 계속 삐걱」『연합뉴스』二〇一三・四・二二
「빅터 차、지금 韓國과 日本은 냉전 중」『中央日報』二〇一三・三・二七

손열「아베 신조와 박근혜」『경향신문』二〇一三・四・五
「아베 총리의 歷史 기억 상실증」『中央日報』二〇一三・四・一二
「二〇一三 韓日 국민의식 여론조사 양국 관계」『韓國日報』二〇一三・四・五
鄭在貞「아베 정권과 教科書 검정」『朝鮮日報』二〇一三・三・二八
최봉태「헌법재판소 결정과 대법원 개인배상권의 인정 이후의 과제」『韓日협정 四七年 특별기자회견과 국민
보고 자료집』二〇一二・六・二一
『東亞日報』二〇一三・四・一、、二
『연합뉴스』二〇一二・八・二三、九・一六、一〇・二七、二〇一三・四・二三、二〇一四・六・二〇
『朝鮮日報』二〇一二・八・一一、一三
『中央日報』二〇一三・四・一二

日本語文献

アジア経済研究所　一九八二「アジア諸国の主要新聞に現われた『教科書問題』」記事索引一九八二年七～九
月」『アジア経済資料月報』一一、一二
比較史・比較歴史教育研究会編　一九八五『自国史と世界史―歴史教育の国際化をもとめて―』未來社
比較史・比較歴史教育研究会編　一九八五『共同討議　日本・中国・韓国―自国史と世界史―』ほるぷ出版
比較史・比較歴史教育研究会編　一九九一『アジアの「近代」と歴史教育―続・自国史と世界史―』未來社
君島和彦・坂井俊樹　一九九二『朝鮮・韓国は日本の教科書にどう書かれているか―相互理解のための日本
からの報告と韓国からの発言―』梨の木舎

西川正雄編　一九九二『自国史を越えた歴史教育』三省堂
日韓相互理解研究会　一九九二『日韓相互理解アンケート調査集計結果報告書』
近藤孝弘　一九九三『ドイツ現代史と国際教科書改善―ポスト国民国家の歴史意識―』名古屋大学出版会
日韓歴史教科書研究会　一九九三『教科書を日韓協力で考える』大月書店
藤沢法暎　一九九四『ヒトラーの教科書』亜紀書房
李元淳　一九九四『韓国から見た日本の歴史教育』青木書店
君島和彦・坂井俊樹・鄭在貞　一九九五（二〇〇三）『旅行ガイドにないアジアを歩く　韓国―ソウル・ソウル郊外・江華島・堤岩里・天安―』梨の木舎
中村哲　一九九五『歴史はどう教えられているか―教科書の国際比較から―』日本放送出版協会
君島和彦　一九九六『教科書の思想―日本と韓国の近現代史―』すずさわ書店
比較史・比較歴史教育研究会編　一九九六『黒船と日清戦争―歴史認識をめぐる対話』未來社
鄭在貞　一九九六「韓国教科書の日本像―高等学校の『国史』を中心に」『アジア太平洋の歴史イメージ』東京大学地域文化シンポジウム
坂井俊樹　一九九七『韓国・朝鮮と近現代史教育―共生・共存の視点から―』大月書店
藤沢法暎　一九九七『韓国との対話―戦争・若者・教科書―』大月書店
鄭在貞　一九九八『韓国と日本―歴史教育の思想―』すずさわ書店
鄭在貞　二〇〇一「韓国人の日本認識―その歴史的進展と課題―」『東北アジア研究』五
鄭在貞　二〇〇一『歴史教科書問題と韓日協力』第九次韓日フォーラム
李元淳監修、鄭在貞・石渡延男編　二〇〇一『韓国発・日本の歴史教科書への批判と提言―共存の教科書づ

くりのために―』桐書房
鄭在貞　二〇〇二「問われる歴史教科書、広がる歴史の対話」『朝鮮史研究会論文集』四〇
鄭在貞　二〇〇四「広がる対話、深まる議論」『歴史教科書をめぐる日韓対話―日韓合同歴史研究シンポジウム―』大月書店
鄭在貞　二〇〇六『韓日につきまとう歴史の陰とその克服のための試み』国際日本文化研究センター
鄭奈美・木村幹　二〇〇八「「歴史認識」問題と第一次日韓歴史共同研究を巡る一考察」（一）（二）『国際協力論集』第一六巻第一・二号　神戸大学
君島和彦　二〇〇九『日韓歴史教科書の軌跡―歴史の共通認識を求めて―』すずさわ書店
二谷貞夫他　二〇一〇『日韓で考える歴史教育―教科書比較とともに―』明石書店
吉見義明　二〇一〇『日本軍「慰安婦」制度とは何か』岩波ブックレット
黒沢史貴、イアン・ニッシュ編　二〇一一『歴史と和解』東京大学出版会
坪川宏子・大森典子　二〇一一『司法が認定した日本軍「慰安婦」―被害・加害事は消せない！―』かもがわブックレット
波多野澄雄　二〇一一『国家と歴史―戦後日本の歴史問題―』中公新書
吉見義明監修　二〇一一『東京裁判―性暴力関係資料―』現代史料出版
志水紀代子・山下英愛編　二〇一二『シンポジウム記録「慰安婦」問題の解決に向けて―開かれた議論のために―』白澤社
田中宏他　二〇一二『未解決の戦後補償―問われる日本の過去と未来―』創史社
保阪正康・東郷和彦　二〇一二『日本の領土問題―北方四島、竹島、尖閣諸島―』角川書店

和田春樹　二〇一二『領土問題をどう解決するか―対立から対話へ―』平凡社新書
加藤章　二〇一三『戦後歴史教育史論―日本から韓国へ―』東京書籍
社説「大統領竹島訪問　日韓の未来志向壊した」『東京新聞』二〇一二・八・一二
社説「首相親書返還　対話の道は閉じるな」『東京新聞』二〇一二・八・二四
社説「日韓新政権　交流深めて懸案解決を」『東京新聞』二〇一三・三・四
『読売新聞』二〇一三・四・一八
『産経新聞』二〇一四・六・二〇
『朝日新聞』二〇一一・一二・一八、一九

英語・ドイツ語文献

Co-Sponsored by Walter H. Shorenstein Asia-Pacific Research Center, Stanford University and Trilateral Cooperation Secretariat, 2014. 5. 12. ～13., Track 2 History Dialogue Wartime History Issues in Asia: Pathway to Reconciliation.
Deutsches Institut für Japanstudien, 2003, Japan und Korea auf dem Weg in eine gemeinsame Zukunft-Aufgaben und Perspektiven.
The Asia Foundation and Friedrich Ebert Stiftung, 2003, SHARING THE BURDEN OF THE PAST: LEGACIES OF WAR IN EUROPE, AMERICA AND ASIA ；歴史の共有に向けて―ヨーロッパ、アメリカ、アジアの取り組み.
UNESCO Asia Pacific Center of Education for International Understanding, 2004, Historical Reconciliation in

Europe and Asia Focusing on Textbook Issue.
Edited by Gotelind Müller, 2011, Designing History in East Asian Textbooks-Identity politics and transnational aspirations, Routledge, London and New York.
Gi-Wook Shin, Danial C. Sneider, 2011, History Textbooks and the Wars-Divided memories, Routledge, London and New York.
Un-suk Han, Takahiro Kondo, Biao Yang, Falk Pingel (eds.), 2012, HISTORY EDUCATION AND RECONCILIATION Comparative Perspectives on East Asia PETERLANG.

インターネット資料

韓国外交部　www.mofa.go.kr
韓国青瓦台　www.president.go.kr
韓国日報　www.hankookibo.com
日本内閣部　www.cao.go.jp

■著者

鄭在貞（チョン・ゼジョン）

韓国・ソウル市立大学校国史学科教授、文学博士。専攻は韓国近現代史、韓日関係史、また韓国での日韓歴史教育、歴史教科書問題の第一人者。韓国・ソウル大学校師範大学歴史教育科卒業、東京大学大学院修士課程（東アジア史専攻）、ソウル大学校大学院博士課程（韓国近現代史）修了。東北アジア歴史財団理事長、韓日歴史共同研究委員、北海道大学・東京大学特任教授などを歴任。

おもな著書『日帝侵略과 韓国鉄道 1892－1945』서울大学校出版部、一九九九年（『帝国日本の植民地支配と韓国鉄道、一八九二－一九四五』明石書店、二〇〇八年）、『한국의 논리-전환기의 역사교육과 일본인식（韓国の論理—転換期の歴史教育と日本認識—）』현음사、一九九八年、『일본의 논리-전환기의 역사교육과 한국인식（日本の論理—転換期の歴史教育と韓国認識—）』현음사、一九九八年、『교토에서 본 韓日通史（京都から見た韓日通史）』효형출판、二〇〇七、『주제와 쟁점으로 읽는 20세기 한일관계사（テーマと争点で読む二〇世紀韓日関係史）』역사비평사、二〇一四年、など多数。

■監訳者

坂井俊樹（さかい・としき）

東京学芸大学教授。おもな研究は歴史教育、現代韓国教育史、リスク教育論など。著書として『現代韓国における歴史教育の成立と葛藤』御茶ノ水書房、二〇〇三年、共著『歴史共通教材・日韓交流の歴史』明石書店、二〇〇七年、共編著『現代リスク社会にどう向き合うか―小・中・高校の社会科の実践―』梨の木舎、二〇一三年など。

■訳者

金廣植（キム・クァンシク）

東京学芸大学研究員および立教大学などの非常勤講師、博士（学術）。研究テーマは、近代朝鮮文化史、近年はおもに朝鮮民俗・考古学史、口承文芸を研究している。著書として『植民地期における日本語朝鮮説話集の研究―帝国日本の「学知」と朝鮮民俗学―』勉誠出版、二〇一四年、『식민지조선과 근대설화（植民地朝鮮と近代説話）』민속원、二〇一五年、訳書として石井研堂著『조선아동화담（朝鮮児童画談）』민속원、二〇一五年など。

徐凡喜（ソ・ボミ）

翻訳業・韓国語講師。東京大学大学院教育学研究科博士課程単位取得退学。おもな研究テーマは、韓国に帰還した韓国海外養子の内面葛藤に関する研究。訳書として『海を渡ってきたわが子―韓国の子どもを育てたスウェーデンの親たち：九編の実話―』梨の木舎、二〇一三年、「韓国に帰還した海外養子たちのアイデンティティの模索と課題―その内面葛藤と社会・歴史的な交錯という点からのアプローチ―」（『東京大学大学院教育学研究科紀要』第53巻、二〇一四年三月）など。

日韓〈歴史対立〉と〈歴史対話〉

「歴史認識問題」和解の道を考える

二〇一五年一一月一六日　第一版第一刷発行

著者　鄭在貞

監訳者　坂井俊樹

訳者　金廣植・徐凡喜

発行所　新泉社
東京都文京区本郷二－五－一二
電話　〇三－三八一五－一六六二
ファックス　〇三－三八一五－一四二二

印刷・製本　創栄図書印刷

ISBN978-4-7877-1506-7　C1036

ブックデザイン　堀渕伸治◎tee graphics